フィランソロピーのニューフロンティア

社会的インパクト投資の新たな手法と課題

L・M・サラモン［著］　小林立明［訳］

LEVERAGE FOR GOOD
: An Introduction to the New Frontiers of Philanthropy and Social Investment

ミネルヴァ書房

Leverage for Good: An Introduction to the New Frontiers of Philanthropy and Social Investment,
First Edition was originally published in English in 2014.
This translation is published by arrangement with Oxford University Press.

歴史には、時代の要請に応じて未来を約束する持続的イノベーションが引き起こされる瞬間が存在する。

――モニター・インスティチュート（二〇〇九）

日本語版への序文

――未来に向けて　フィランソロピーのニューフロンティアは日本でも花開くか？

政府資金も伝統的なフィランソロピー資金も、ほとんど現状維持か減少している世界的な動向のなかで、新たな社会・環境目的への資金提供モデルの構築が緊急に必要とされている。幸い、将来に向けてこのニーズを充足する可能性が高いと考えられる「静かな革命」が、現在、フィランソロピーのニューフロンティアと社会的インパクト投資において、グローバルに進行している。このささやかな書物の目的は、日本の政策担当者、助成財団のリーダー、非営利組織、投資アドバイザー、知的指導者、そしてメディア関係者が、この現実を直視し、「静かな革命」を後押しする諸施策をより積極的に講じるよう促す点にある。

日本以上に、この警鐘を鳴らす必要性が切迫している国は他にないだろう。英雄的な努力にもかかわらず、日本は経済の下降圧力にとらわれたままであり、経済再生と深刻な財政赤字からの脱却のために苦闘している。二〇一一年の悲惨な震災と貧困層に対する公的支援の減少がもたらした経済の停滞は、この国から活力と決意を奪いつつあるように見える。明らかに、日本社会は斬新な思考と新たな手法に挑む意思を必要としている。

では、ソーシャル・ファイナンス分野で国際的に発展しつつある可能性を現実のものにしようというイニシアチブはどこから生まれるのだろうか。歴史的に、日本は政府にそのようなイニシアチブを求めてきた。しかし、日本政府は、自ら陥った穴からただ抜け出すだけで手一杯のように見える。

あるアメリカの論者がかつて述べたように[1]、日本以外の諸国では、イノベーションと斬新な思考の源泉として、助成財団が社会の「加速ギア」の役割を果たしてきた。しかし、日本の財団は長い間、制約の多い規制に拘束され、わずかな利息しかもたらさない国債への投資を強いられ、そして活動の権利を確保するために政府当局の顔色を窺ってきた。この結果、大胆なイニシアチブや最先端の思考ではなく、保守的思考と警戒心が日本の財団活動の特質となってしまった。

とはいえ、今日の日本でもかすかな希望をもたらす興味深い発展が進行しており、このささやかな書物のメッセージが肥沃な土壌を見出して前述のイニシアチブを発芽、成長させる可能性は存在する。たとえば、日本の市民は、再生可能エネルギーを促進すべく様々な市民ファンド設立に向けた取り組みを行っているし、ソーシャル・ベンチャーを促進するために、信頼資本財団や起業家支援財団のような新たな財団が設立されつつある。また、日本財団のようにより巨大で伝統的な機関が、新たに日本ベンチャー・フィランソロピー基金を立ち上げてこの領域に挑戦している。

これらの数少ないイノベーションの試みが、政府、投資コミュニティ、そして主流の財団からさらに実質的な支援を得ることができるかどうかは、まだわからない。しかし、おそらく、本書の刊行を通じて、これら日本の初期の先駆者達はフィランソロピーのニューフロンティアに参画していこうという決意を新たにし、そして他の者達もこれに続くよう励まされることだろう。いずれにせよ、それが、訳者の小林立明氏に少なからぬ時間を割いて本書を日本語に翻訳することを決意させた希望なのだ。それはまた、私が訳者の努力に対して深く感謝し、本書が日本の読者に利用可能になったことを心から喜ばせるに至った希望でもある。

二〇一五年七月

レスター・M・サラモン

注

(1) (訳注) フォード財団の伝説的なプログラム・オフィサーでその後ハーバード大学教育大学院学長や米国財団協議会シニア・コンサルタントなども歴任した Paul Ylvisaker の一九八九年の論文「Small Can Be Effective」からの引用。Paul Ylvisaker はこの論文で、フィランソロピー資金は社会の新たなアイディア、手法、プログラムに資金を提供し、これを加速させるために使用されるべきだと主張し、有名な「フィランソロピーはアメリカ社会の加速ギア (Passing Gear) である」という一節を記した。

緒　言

リップ・ラプソン

アメリカのフィランソロピー（Philanthropy）[1]は、現在、およそ一世紀にわたる歴史の中で最も波乱に満ち、そして心躍る変革過程のただ中にある。慈善寄付の分野が急速に変化しつつあることは、新たなアクター、ツール、組織が、途方に暮れるほどの拡がりをみせていることからも明らかだろう。この新しい動きは、フィランソロピーの伝統的支援手法から社会的目標の定義に関する考え方に至るすべてに異議を唱えている。明確な指針を携えてこの分野を進んでいくことは、新規参入者のみならず、まさにこのただ中の組織で働く者にとっても困難な状況といえる。

こうした現実を考えると、本書とその姉妹書（付録B参照、本書はこの入門書の役割を担っている）は、この分野への新規参入者と経験豊かな古参者の双方がこの現状に対応するための拠り所となるだろう。この二冊は、フィランソロピー・セクターが、長い間、見失ってきたもの、すなわち、ばらばらのピースを全体像にまとめ、かつ包括的で説得力があり、しかも一貫したロードマップを提示してくれるのである。この二冊が提供する情報源とソリューションのおかげで、私が運営するクレスゲ財団[2]のみならず、フィランソロピー・セクター全体が、現在の変革過程から甦って、より効果的で力強い活動的組織となるだろう。我々クレスゲ財団が両書の刊行支援に真剣に取り組み、その成果に驚喜している理由もまさにここにある。

実際、五年前にクレスゲ財団自身が変革を開始した時に本書が刊行されていたら、どれほど我々の歩みは楽だっただろうと思う。我々が開始した変革は、これから本書で解説される潮流や主題の多くに合致していたのだ。だから、まずクレスゲ財団の経験を詳細に述べることから始めさせてほしい。我々自身の経験が、このセクター全体における「フィランソロピーのニューフロンティア」プロジェクトの重要性を明らかにする上で役立つことを願っている。

クレスゲ財団の歩み

私は二〇〇六年にクレスゲ財団に入った。当時の財団の看板事業は、キャピタル・チャレンジ・グラントだった。これは、非営利組織による建設事業資金キャンペーン実現を支援することで、彼らの経営基盤の確立を目指そうというものだ。クレスゲ財団のブランドは極めて明確だった。我々はいわば建設会社と同義語だったのである。

これは特筆すべき遺産であり、今日に至るまで我々はこれを誇りに思っている。我々は、何千という組織を支援して重要なプロジェクトを完成させただけでなく、フィランソロピー界における我々の地位を際立ったものとする素晴らしい特質を明確にした。その特質とは次のようなものである。

・我々はある種の技能に熟達し、この緊密に練られた手法を保持した。この結果、我々は、単に「良い」だけのプロジェクトと「偉大な」プロジェクトを区別し、助成申請書の長所と弱点をたやすく見分けることができるようになった。
・助成申請者たちは、我々の支援対象を極めて明確に理解した。助成申請団体は厳格な審査を受けなければならなかったが、だからといって財団の期待を忖度して自分たちの活動理念まで曲げてしまう必要はなかった。
・そして、我々は決定的なレバレッジを提供した。我々の資金支援が呼び水となって他の資金提供者が支援の輪に入ってきた。

しかし、私もクレスゲ財団の理事会も、刷新の時期が来たとはっきり感じていた。我々に必要なのは、より多くの新築ビルではなく、社会が直面している最も困難な問題をより広範な視野で捉えるための手法だった。しかし、我々は、良いアイデアを見抜く洗練された分析手法、明確な目的設定、高いレバレッジなど、今まで役立ってきた特質もさらに発展させたかった。

我々は、財団の領域別再編に着手し、アメリカ諸都市における経済機会拡大の手法を分野ごとに評価した。考えられる手法は、デトロイト再活性化に向けた投資、保健医療サービスの不均衡解消、気候変動の緩和とこれへの適応、社会福祉サービス組織の耐久性の強化、低所得非正規学生の高等教育進学率と成功機会の改善、文化芸術がコミュニティのアイデンティティ確立と再活性化に果たす役割の強化などだった。

この新たな課題群はただ一つの「ツール」だけでは対応しきれないため、我々は支援手法も再構築しなければならなかった。

この見直しすべてを終えるまでには時間がかかったが、今や我々は主要課題ごとの戦略を明確化できている。我々はプログラム・チームを結成し、研究、ネットワーク形成、アドボカシー、コミュニケーション戦略についての会合を重ね、これに資金を投じた。我々は、様々なフィランソロピー手法を包含すべく資金支援の範囲を拡張した。我々は社会的インパクト投資の担当部署を新設し、ローン、信用保証、リンクト・デポジット（Linked Deposit）(3)、直接投資に今後五年間で一億五〇〇〇万ドルを投じることにした。さらに我々は、取り得るリスクの限界やセクターを超えた事業展開の複雑なオペレーションを実地で検証した。

資金提供手法の再修正

しかし、我々は、資金提供の機会の多くには助成金を中心にアプローチするという、安全でなじみ深い場所から完全に決別することができなかった。

多くの財団同様、クレスゲ財団も資金提供手法を規定する二段階の分析視点が深くＤＮＡに刻み込まれていたのだ。それは次の二つである。

・第一に、非営利組織の申請が我々の戦略に合致しているかどうか。
・第二に、当該組織支援のために助成金を提供すべきかどうか。

第一段階の分析視点については、この定式化に何の誤りもない。戦略的意図を追求することは極めて適切である。実際、第一の設問は本質的ですらある。すべては、自分たちが解決しようとしている問題は何かを自問することから始まるのだ。

微妙な点は第二の視点から生じる。我々が打開しようとしている問題の多様性を考えれば、最適ツールとしていつも組織支援のための助成金を前提とするのはおかしい。実際、一回だけの助成金で、ある問題の全面的解決や、インパクトのスケールアップが可能になることはあり得ない。しかし、助成先団体側も、助成金以外の支援方法をほとんど要求してはこないのだ。

したがって、我々は、異なる設問を立てることにした。それは「我々が取り組もうとしている問題に最も際立った変化をもたらすツールやアプローチの組み合わせは何か」というものである。

この組み合わせのどこかに助成金が入るかもしれないが、同時にプログラム関連投資、顕彰、さらには社会的インパクト債も入りうるだろう。また、助成金を使う場合にも、その支援目的は、運営管理、事業、リサーチ、一般向け啓発キャンペーン、アドボカシー、政策提言、その他いくらでもあり得るだろう。あまりにも単純化しすぎているきらいはあるが、我々は、何よりもまず問題解決に取り組むことの意味そのものを検証しようとしていたのだ。これは、問題から出発すること、そして、ただその後にのみ、問題解決に最も適した資金支援形態――財政的支援でも、知的支援でも、信用面での支援でもよい――を選択する、ということを意味する。

二〇〇八年の金融危機を機に、我々はこのアプローチを開始した。社会的投資事業の最初の投資は、まさに目前の問題解決を迫られてのものだった。食料、シェルター、その他の緊急サービスを提供していた社会福祉サービス団体が、寄付環境が改善され、政府の未払い金が支給されて、自分たちの支援対象者を直撃していた経済的困難を緩和することができるようになるまでの間、つなぎ資金を必要としていたのである。我々は、一四団体に三年間の無利子ローンを提供した。この支援は当座しのぎで、決して革新的なものではなかったが、これらの組織はまさにこの支援を必要としていた。これが我々の新たな支援方式の出発点となった。以来、我々は長い道のりを経て、はるかに洗練され、複雑化した資金提供体制を実現した。おかげでフィランソロピー組織としての我々の支援能力と有効性は大幅な進歩を遂げることができた。この結果、ツールではなく問題から出発するという姿勢がより強固なものとなった。

我々の本拠地デトロイトで立ち上げられたウッドワード回廊地区再開発イニシアチブは、この一例である。二〇一二年半ばに、財団のデトロイト担当チームのシニア・プログラム・オフィサーが、ウッドワード回廊地区沿いに信じられないぐらい多様な二ダースもの不動産開発事業が動き始めているという一通のeメールを送ってきた。デトロイト中心部に、人が集い散策できる多様で活力に満ちた空間を作り出そうという我々の目標を実現するには、この開発プロジェクトの実現がなんとしても必要だというのが彼の意見だった。彼は、従来の資金手法に決定的に欠けていたものを提供してくれる「軍資金」が財団に必要だと提案してきた。これに応えて、我々は、最も柔軟な資金提供ツール（助成金と信用保証）を保持しつつ、同時に（ローンを目的とする）強力な中間支援組織の活用も可能にする「ハイブリッドな資金提供枠組み」を創設した。これにより、我々は外部団体が運営する借入資本への協調・支援に戦略的に資金を投入することができるようになったのである。

三つの課題

しかし、こうしたアプローチは、まだクレスゲ財団内では例外的である。我々がよりクリエイティブに資金を使う方向に軸足を移していく上で、三つの障壁が立ちはだかっている。これは、他のフィランソロピー機関の多くも同様に直面しているものだ。

第一に、金融分野を視野にクロス・セクターな活動を展開していく上で必要とされる組織能力の問題がある。

社会変革に資金を投じるということは、官民連携のような大規模な取り組みにかかわることを意味する。このためには、フィランソロピー資金の適性を理解しておく必要がある。言い換えれば、市場、行動、政策の変革促進のために、フィランソロピー資金は他のアクターの活動とどのように組み合わせればよいのかという点を理解しなければならない。それぞれのセクターは、互いに異なる要請を財団にしてくるだろうが、彼らは財団が影響を与えようとしている問題の解決に何らかの形でほぼ確実に寄与してくれるのである。次いで、官民連携ファイナンスや、政策、意志決定、説明責任システムなどの諸領域の専門用語やニーズに精通しておく必要がある。これに伴い、財団の人材育成戦略も再検討し、事業分野の専門性と金融分野の運用手腕をバランスさせる必要も出てくる。一言で言えば、レスター・サラモン教授が本書で名づけた「フィランソロピー銀行」に我々自身がならなければならないということである。

第二に、財団内の異なるプログラム領域間に横たわる障壁を取り崩し、一つの統合された全体として財団が活動するために必要な能力を構築しなければならないという問題がある。

一つの主題領域に焦点を当てた戦略を、他のディシプリンの諸戦略と結合させるのは、例外ではなくむしろ標準である。たとえば、ニューオーリンズでは、財団の環境チームが行ったメキシコ湾岸環境保全組織への投資と、コミュニティ開発チームが行った第九地区コミュニティ関与戦略への投資とは呼応しあっている。

このため、財団の社会的投資への取り組みが単なるプログラム・チーム支援サービスとみなされてしまうと目標達成が難しくなる。プログラム・チームは金融分野により深く精通する必要があるし、同様に社会的インパクト投資担当はプログラムをより深く理解しなければならない。社会的インパクト投資担当者は、有利な取引を締結することだけを自分の義務と心得るような金融専門職人になってはならない。むしろ、最も効果的な手法で大規模な社会的問題に取り組むことでプログラム戦略を強化することこそ、自分の義務だと心得るべきだ。

第三に、プログラム担当者と投資部門の間にありがちなギャップをどうやって埋めるかという問題がある。

クレスゲ財団が最初に取り組んだのは、財団の投資チームと事業チームの間に、より持続的なフィードバック回路を構築することだった。これは、お互いに相手のやっていることを知るようになれば、それだけでインパクトのある事業ができるようになるという考えに基づいている。同時に、我々は、ミッション関連投資に向けて最初の一歩を踏み出し、我々が保有するすべての資源と知識の中から、財団のミッション達成に最も直接的で即座に役立つ資産を見つけ出そうとしている。この情報を使って何をするかについては、財団スタッフや評議員の間でまだ議論が続いている。しかし、この情報があれば、我々はデータの中に自らの将来を基礎づけ、これによって十分な知識に基づいた選択ができるようになるだろう。

結　論

社会的インパクト投資領域に参入し、新たな事業手法を組織化しようというクレスゲ財団の一連の試みは、モデルといえるようなものでは決してない。これらの試みは、単に我々にとっての現実にすぎない。この現実は、時に緩慢で、厳しく、そして腹立たしくなるほど困難な道のりだった。まさにこの点において、本書は極めて価値があるのである。本書がこれら諸課題をすべて解決する訳ではない。しかし、本書は、これら諸課題をあますところなく描き出し、計り知れない価値を持つ見取り図を提供することで、現代の最も扱いにくい諸問題の解決に向けて、新たな資源と人材をもたらす広大な可能性を切り開いてくれるだろう。

クレスゲ財団がこのプロジェクトを支援することができたのは本当に光栄だったが、実のところ、それは私心のない純粋な振る舞いではなかった。このプロジェクトは、我々自身にとっても、また、我々のパートナーや財団関係者、そして財団セクター全体にも有益なものになると信じていたからこそ支援したのである。このプロジェクトは、我々が最も情熱を傾けて取り組んでいる諸問題の解決に、より深く、永続的なインパクトをもたらすだろう。私は、今後、折に触れて本書に立ち返るのを楽しみにしている。

注

（1）（訳注）「人類への愛」を意味するギリシア語起源の言葉であり、欧米では、寄付、ボランティア、民間財団の助成、企業の社会貢献などの多様な活動を包含する概念として使用されている。日本語には適切な訳語が存在しないため、本書では「フィランソロピー」という言葉をそのまま使用することにしたい。

（2）（訳注）一九二四年にＳ・Ｓ・Ｋｒｅｓｇｅ Ｃｏｍｐａｎｙ（現・Ｋｍａｒｔ社）の共同経営者Ｓｅｂａｓｔｉａｎ Ｓｐｅｒｉｎｇ Ｋｒｅｓｇｅ氏がアメリカのデトロイトに設立した民間助成財団。現在、約三五億ドルの資産を有し、アメリカ諸都市における貧困層の状況改善のために活動を行っている。現在の事業分野は、芸術と文化、教育、環境、健康、福祉サービス、およびデトロイトのコミュニティ開発である。

（3）（訳注）アメリカの州政府や財団による、貧困コミュニティの中小企業やマイノリティ・ビジネス向けの支援手法の一つである。たとえば、コミュニティ・ビジネスを行うある中小企業が、指定金融機関〔通常は、コミュニティ開発金融機関〕〔用語解説参照〕からローンを受ける際、このプログラムに認められると、州政府や財団がこのローンと同額の預金口座（Linked Deposit）を開設する。中小企業は、この預金口座からの利息を受け取ることで、最大二％までローン返済利子の割引を受けることができるという仕組みである。

謝　辞

「一人の子供を育てるには村がいる」といわれる。著作を行う者であれば誰でも知っているように、同じことは一冊の本を書き上げることにも当てはまる。そして、これは本書にも確実に当てはまる。本書、そして本書が深く依存している大部の姉妹書を世に問うにあたり私がお世話になった方々は多数に上る。ここに感謝の意を表明しておきたい。クレスゲ財団理事長のリップ・ラプソンは、早い時期から本書と姉妹書が埋める空白領域の重要性を認識し、刊行に向けて支援・激励してくれた。ウィリアム・ブカートは、プロジェクトの立ち上げ、執筆者の確保・調整、そしてこの種のプロジェクトに不可避のペーパーワークの面で、私を助けてくれた。グローバル・インパクト投資ネットワークのルーサー・ラギンは、このプロジェクトを励まし、惜しみなく時間を割いて姉妹書のほとんどの章を査読してコメントとアドバイスを提供してくれた。プロジェクト諮問委員会のメンバー（付録A参照）は事業を進めるにあたり多くの点で計り知れないほど有益なコメントと援助を与えてくれた。サンフランシスコ連邦準備銀行のデビッド・エリクソンと彼の同僚たちは、準備銀行での会合会場の提供をはじめとして様々な形で支援・激励してくれた。ビル・ディーテルとマリオ・モリノは、姉妹書の序文と前書きをそれぞれ執筆し、本書が対象とする広範な読者層に内容を紹介してくれ、さらに様々なインスピレーションを与えてくれた。姉妹書の執筆者たち（付録B参照）は、全員、信じられないほどの深い洞察とコミットメントを持った専門家として、当初予期していたよりはるかに膨大な時間をかけて私の細かいコメントと提案に応えてくれた。おかげで、各章間に一貫性がもたらされ、より広範な読者層がこの複雑な主題を理解できるようになった。オックスフォード大学出版会社会科学担当編集者のデビッド・マクブライドは、本書と姉妹書がオックスフォード大学出版会の複雑な査読手続きを通過できるよう尽力してくれた。ジョンズ・ホプキンス大学市民社会研究所のチェルシー・ニューハウスは、オックスフォード大学出版会の執筆要綱にあわせて原稿を修正する作業に、忍耐強く専門的な手腕で取り組んでくれた。最後になってしまったが、最愛の妻リンダは、執筆作業につきものの長期にわたる許し難い私の忘我と集中状態に耐え、計り知れない理解と支援を捧げてくれた。

すべての友人と同僚たちの尽きることのない助力を心にとどめて、今日という日の終わりに筆をおくことにしたい。どのような誤りがまだ残っていようとも、完成した著作の文責はすべて私にあり、私は全面的にこれを引き受ける。

二〇一三年九月二一日

メリーランド州アナポリス市にて

レスター・M・サラモン

フィランソロピーのニューフロンティア——社会的インパクト投資の新たな手法と課題

目次

第1章　フィランソロピーのニューフロンティア革命と社会的インパクト投資

二〇一一年九月二八日、アフリカ大陸のマイクロファイナンス業界向けニュースレター「マイクロファイナンス・アフリカ」は、東アフリカ諸国域内の食糧不足とこれに伴う食糧価格高騰問題への支援分野で、従来にない重要な進展がみられたと報じた。二五〇〇万ドル（訳注：特記しない限り、記載されたドルは米国ドルである）を東アフリカの中小規模の農業企業に投じるために、通常では考えられないコンソーシアムが結成され、農業企業を活用して地域の小規模農家が質の高い生産・流通機会にアクセスできるようにしようというのだ。米国国際開発庁（USAID）がこのコンソーシアムの一角を占めていたが、これはいつものようなトップダウンの政府支援開発プロジェクトではなかった。逆に、USAIDは、三つの財団（イギリスを拠点とするギャツビィ慈善財団、アメリカを拠点とするロックフェラー財団とビル＆メリンダ・ゲイツ財団）、主要米国投資会社（J・P・モルガン・ソーシャル・ファイナンス）、そしてパール・キャピタル・パートナーズという、アフリカの小規模農業企業に未公開株を通じた資金提供を行っているカンパラ所在の民間投資会社とチームを組んだのである(1)。

しかし、現在の開発援助、フィランソロピー、金融の風土ではまったくあり得ないようにみえるこの契約も、もはやあり得ないものでは決してなくなってきている。むしろ、この契約は、最近、この分野の専門家が命名しはじめた「陰陽」契約の一例なのである。「陰陽」契約とは、中国思想が説いているように、一見対立し合う諸力を結合することで新たな形態を可能にする契約のことである[2]。現在の枠組みでは、東アフリカの活力ある農業ビジネス・セクター構築に向けた投資促進事業二五〇〇万ドルのうち、USAIDは自己資金一五〇〇万ドルしか負担していない。しかも、USAIDの事業はすべて、オバマ大統領の目玉事業「未来への食糧支援（Feed the Future）」イニシアチブ資金を使った中小企業向け技術援助の形態を取っているのである。投資ファンド自体は、J・P・モルガン・ソーシャル・ファイナンスが提供する八〇〇万ドルのローンにUSAIDの保証を結合することで組成された。J・P・モルガン・ソーシャル・ファイナンスのローンは、一七〇〇万ドルに上る三財団の株式投資でさらにレバレッジされている。この枠組みにおける財団の機能は、伝統的な慈善目的の助成というよりも、むしろ「フィランソロピー銀行」としてのものだといってよいだろう[3]。

フィランソロピーのニューフロンティアと社会的インパクト投資において、重大な革命が進行中のようにみえる。

今日、世界が直面している甚大な社会・経済・環境問題との戦いにおいて、この種の大がかりな「陰陽」契約が次第に新たなスタンダードとなりつつある。これは決して時期尚早などではない。政府や伝統的フィランソロピーの資金が停滞している一方，貧困，疾病，環境悪化などの諸問題が日々拡大している現状を考えれば，社会・環境目的促進に向けた新たな資金提供モデルが緊急に必要となるのは明白だからである。

(社会目的活動に資金を提供するため) 驚くほど様々な新しい手法と機関が登場している。

幸いにも，フィランソロピーのニューフロンティアで重大な革命が進行しており，このジレンマに対し萌芽的だが少なくとも部分的な回答を提供してくれている。この革命の中核は，フィランソロピーと社会的インパクト投資の諸ツール，および社会・環境目的支援における民間資金調達の諸手法と諸機関の爆発的増加である。従来，こうした支援は個人の直接寄付か助成財団・企業フィランソロピーの助成金に限定されていたが，現在は，驚くほど多様な新手法と新機関が登場している。具体的には，ローン，ローン保証，未公開株式，バーター協定，社会的証券取引所（用語解説参照），債券（用語解説参照），流通市場（用語解説参照），投資ファンドなどであり，さらに多数の手法が誕生している。実際，フィランソロピー界は，まったく同じとはいえないまでも，太陽系の惑星と小惑星を生み出したあのビッグ・バンとよく似た状況にあるようにみえる。

図1-1　フィランソロピーの「ビッグ・バン」

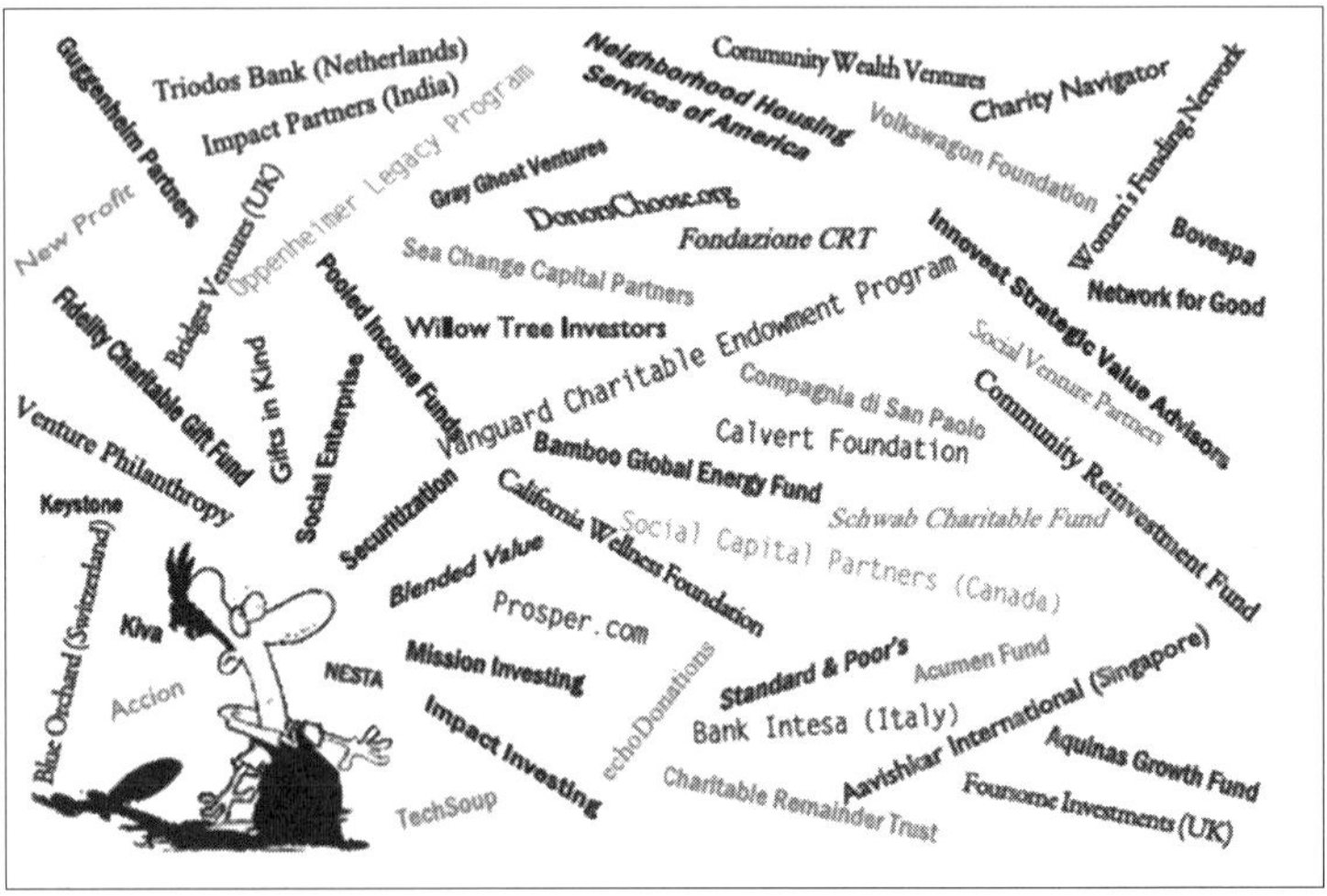

現代フィランソロピーのニューフロンティアにおいて、世界中で出現しつつある新たな風景を概観するだけでも、耳慣れない名称や用語が豊富に生み出されていることがわかるだろう。たとえば、それはブラジルのボベスパ、カナダのソーシャル・キャピタル・パートナーズ、シンガポールのインパクト・インベストメント・エクスチェンジ、アメリカのアキュメン・ファンド、ルート・キャピタルやニュー・プロフィット、イギリスのブリッジ・ベンチャーズ、ビッグ・ソサエティ・キャピタルやＮＥＳＴＡ、スイスのブルー・オーチャド、インドのアービシュカール・インターナショナル、ドバイのウィロー・ツリー・インパクト・インベスターズ、カルバート財団、シュワッブ寄付基金、コミュニティ再投資基金、コミュニティ開発金融機関（用語解説参照）、テクスープ・グローバル、転換財団（用語解説参照）、その他で

ある（図1-1参照）。

こうした諸団体の爆発的拡がりの中核をなすのは、四つの重要な変革である。特に、現代フィランソロピーは次の四点にその特徴を見出せる。

・**脱助成金**：社会目的促進に向け、助成金以外の様々な新しい資金提供ツールを使用。具体的には、ローン、ローン保証、株式投資、証券化、確定利付証券、そして最近では社会的インパクト債などである。

・**脱助成財団**：ソーシャル・ファイナンスを行う制度的枠組みとして多数の新アクターが登場。ごく一部を取り上げるだけでも、社会的投資仲介機関、流通市場、社会的証券取引所、社会的投資ブローカー（用語解説参照）、オンライン寄付・投資サイトなどのアクターがいる。

・**脱寄付**：単に個人資産家の寄付によるだけでなく、公的・準公的資産の民営化や専門的な社会目的投資ファンドの設立などを通じて、慈善目的または社会目的のための資金プールを形成している。

・**脱現金**：新たなバーター協定やインターネット技術を活用して、現金寄付だけでなく、ボランティアやコンピューターのハードウェア・ソフトウェアなど多様な現物寄付支援形態を促進している。

レバレッジとは、限られたエネルギーを巨大なパワーに変換するメカニズムである。

こうした動向の背後にあるのは、通常、**レバレッジ**と要約することができる共通要請である。レバレッジとは、限られたエネルギーを巨大なパワーに変換するメカニズムであり、もしも梃子とこれを置く場所があれば自分は「全世界を動かしてみせる」とアルキメデスに言わしめたものである(4)。フィランソロピーの文脈におけるレバレッジとは、財団資産の運用や個人の年次寄付などが生み出す限られた寄付金収入を超えて、社会・環境目的のために、銀行、年金基金、保険会社、投資信託、個人富裕層の預金口座などに眠っている莫大な投資資産を活用しようとすることを意味する(5)。

結論からいえば、現在、台頭しつつある「フィランソロピーのニューフロンティア」と社会的インパクト投資は、二〇世紀型のフィランソロピーと少なくとも次の四つの点で異なっている。

- **多様性志向**：より多様な機関、手法、資金源を包含しようとする。
- **起業志向**：資金提供のみの「助成事業」を超えて、投資手法の採用、目にみえる成果の重視、社会的リターンと経済的リターンの混合生成などを通じて、より大きなレバレッジの可能性を捉えようとする。
- **グローバル志向**：地球規模の課題に取り組み、開発したモデルを国境を越えて適用しようとする。

表1-1　フィランソロピーのニューフロンティアのパラダイム

フィランソロピー＝「社会的または環境的目的のための民間資金の提供」	
伝統的フィランソロピー	フィランソロピーのニューフロンティア
財団・個人	個人と機関投資家
事業収入	投資資本
助 成 金	多様な金融手法／資本トランシェ
非営利組織	非営利組織＋ソーシャル・ベンチャー
社会的リターン	社会的＋金銭的リターン
限定されたレバレッジ	拡大されたレバレッジ
アウトプット重視	アウトカム重視／評価指標

・**協働志向**：市民社会との幅広い協働のみならず、「ボトム・オブ・ピラミッド（BOP）」に取り組む新たなソーシャル・ベンチャーや、広範な民間金融機関・政府機関との交流に明示的に取り組む。

新たなパラダイムがフィランソロピーのニューフロンティアと社会的投資に台頭しつつある。

この結果、表1-1に概要を示したように、フィランソロピーのニューフロンティアと社会的投資の領域に新たなパラダイムが台頭しつつある。伝統的なフィランソロピーが主に個人、財団、そして企業フィランソロピー・プログラムに依拠していたのに対し、フィランソロピーのニューフロンティアは、広範な民間金融機関を巻き込もうとする。その対象は、銀行、年金基金、保険会社、投資アドバイザー、専門投資ファンド、フィランソロピー銀行としての財団（用語解説参照）などである。伝統的フィランソロピーが主に事業収入に焦点を当てるのに対し、ニューフロンティアは長期的発展のための投資資本（用語解説参照）に重点を置く。伝統的フィランソロピーが、通常、非営利組織のみに支援を行うのに対し、ニューフロンティアは社会的企業、協同組合、およびこれ以外のハイブリッド組織など広範な対象も同様に支援する。伝統的フィランソロピーが慈善目的という観点から、社会的リターン限定か少なくとも社会的リターン中心に事業を行うのに対し、フィランソロピーのニューフロンティアの新たなアクターたちは、投資志向を取り入れ、社会的・金銭的リターンの**双方に**着目して、永続的なソリューションをもたらす持続的システムの構築を追求する。伝統的フィランソロピーが、自己資金の一部を比較的小規模に利用しようとするのに対し、フィランソロピーのニューフロンティアは民間資本市場のより巨大な資金集積をレバレッジしようとする。最後に、伝統的フィランソロピーが、従来、**アウトプット**測定で満足する傾向にあったのに対し、ニューフロンティアは、信頼できる**アウトカム**評価指標を重視する。

確かに、こうした相違は決して普遍的なものではないし、さらにいえば、変革が十分な発展を遂げている訳でも決してない。しかし、この変革は取るに足りないという訳でもない。実際、図1-2にみられるように、ソーシャル・ファイナンスの複合的エコシステムが出現しつつある。そこでは、銀行、年金基金、保険会社、財団、個人富裕層などの資金が、様々な社会的インパクト投資組織、社会的インパクト投資支援組織、新たなタイプの助成財団などを通じて、ますます多様化する非営利組織、ソーシャル・ベンチャー、社会的協同組合、関連組織などに提供され、貧困緩和、環境改善、保健・

図1－2　フィランソロピーのニューフロンティアのエコシステム

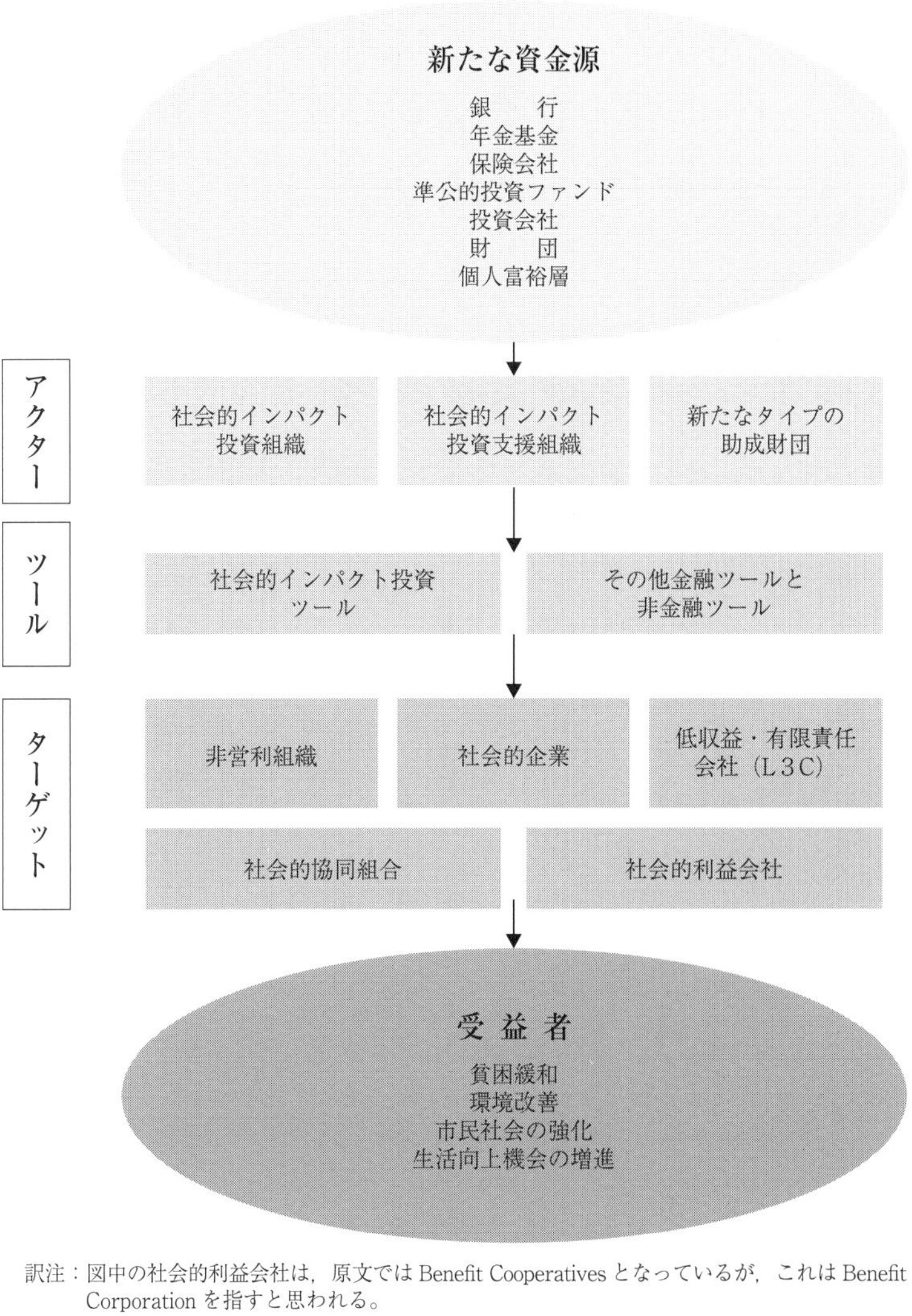

訳注：図中の社会的利益会社は，原文では Benefit Cooperatives となっているが，これは Benefit Corporation を指すと思われる。

医療の改善、市民社会組織の強化、生活向上機会の増進などの実現に向けた支援を行っている。

マイクロファイナンスは、おそらく、社会目的に民間投資資本を活用しようとする事象の最初期の代表例だが、今や、六五〇億ドル規模の成熟したインダストリーに成長し、業界組織、調査研究部門、「小売り」窓口、流通市場を独自に有し、格付債券の発行を通じてグローバル資本市場へのアクセスが可能となっている。しかも、これはまだ始まったばかりなのである。近年の推計は、その**潜在的な**市場を二五〇〇億ドル以上と見込んでいる。(6)

しかし、マイクロファイナンスは、より広い観点からみれば、フィランソロピーのニューフロンティアに芽生えつつある金融エコシステムの一つの構成要素でしかない。現在、前述したアフリカ農業資本ファンドに代表される何百もの投資ファンドが世界中に出現し、自分たちに賭けてくれる投資家を見出してきているのだ。

・たとえば、シンガポールに法人格を持ちインドで事業を展開しているアービシュカール・インターナショナルは、二〇〇八年にインドのマイクロファイナンス投資ファンド向け初期資金として一八〇〇万ドルの資金を調達した。彼らはさらに進んで、二〇〇九年一月までに追加で一四〇〇万ドルを集め、インドの農村・郊外地域の農業、酪農、保健医療、教育、再生可能エネルギー分野で事業を展開する有望なマイクロビジネスや中小企業を支援している。(7)

・同様に、世界銀行国際金融公社から派生した草の根ビジネス・ファンドも、投資・技術協力へのコミットメントとして八五〇〇万ドルの本格的なポートフォリオを構築し、低所得者層向け事業を展開するインド、アフリカ、ラテンアメリカの中小企業を支援している[8]。

・スイスに拠点を置く営利投資会社のバンブー・ファイナンスも、三大陸で、中低所得者向け住宅支援（訳注：原文は affordable housing である）、保健医療、教育、エネルギー、生計改善、水資源、衛生などへのアクセス提供に取り組む小企業向けに総額二億五〇〇〇万ドルの投資を行っている[9]。

・当初、国際開発NGOのCARE傘下にあったスモール・ビジネス投資ファンドは、二二の新興国市場にある三三八のスモール・ビジネスに対し、三億七八〇〇万ドルの投資を行った[10]。実際、リサ・リヒター[11]によれば、こうした社会・環境面を志向する投資ファンドは、すでに世界中で三〇〇〇を数えており、運用資産も三〇〇〇億ドルに達しているとのことである。

世界中の「ボトム・オブ・ピラミッド」において、商業革命が進行中のようだ。

もちろん、このような投資ファンドが事業を行うには、投資家のみならず投資先も見つけなければならない。投資先は、営利・非営利を問わず、金銭的収入と社会的利益の双方を生み出すことで社会・環境目的に資することができる有望な事業家たちである。現実に、投資ファンドはこうした投資先を見出しつつある。実際、世界各地の「ボトム・オブ・ピラミッド」において、商業革命が進行中のようだ。「ボトム・オブ・ピラミッド」とは、ミシガン大学教授のC・K・プラハラードの斬新な命名で、世界の全人口の大多数が暮らす、所得水準最下層の人々を指している。[12] 創意に満ちた事業家は、この最下層の人々が、太陽光発電パネル、携帯電話、眼鏡、再利用可能な衛生用ナプキン、そして何ダースもの他の日用品の熱心な購買者に変身する方策を発見し、同時に、この最下層の人々が、工房、小規模農業ビジネス、各種マーケティング・ベンチャーを立ち上げたり、そこの賃金労働者となったりできる機会も作り出そうとしている。その結果は、たとえば、ペルーのAVSA（Agricola Vinasol）のような会社の登場でも明らかだろう。AVSAは二〇〇一年にペルーのNGO団体営利部門として設立された農業会社で、小規模農家が生産する果物・野菜の品質向上とマーケティングを支援している。あるいは、ジャイプール絨毯の例も参考になるだろう。ジャイプール絨毯は、インドの低所得の織工・紡績工一万人に協力して、製造技術の向上、医療保険への加入、製品マーケティング拡大などを支援している。ザラ・ソーラーも良い例である。ザラ・ソーラーは、タンザニアの何千もの低所得家族が、環境を汚染する灯油コンロから、より安価でクリーンな太陽光コンロに転換できるよう支援している[13]（社会起業家が登場している幅広い領域を概観するには、表1-2参照）。

現在進行中の様々な変革は、想像力を刺激し決して些末なものではないが、一定の方向性を共有しているとは言い難い状態にある。通常、個々の実務家は一つか二つ、意味のあるイノベーションを手にしているが、全面的な変革はまだ可視化されていないし、組織的な事例収集・検証もなされていない。これら諸発展を示す用語すらまだ定まっていない。従来、財団に限定して使用されてきた、「プ

表1-2　アキュメン・ファンドの投資（対象分野別）

農　業	**保健医療（続き）**
BASIXクリシ・サムルディ有限会社（インド）	ドリシュティ（インド）
GADCO協同組合（ガーナ）	ファースト・マイクロ保険エージェンシー（パキスタン）
グローバル・イージー・ウォーター・プロダクツ（インド）	インスタ・プロダクツ（ケニア）
グル農業開発会社（ウガンダ）	ライフ・スプリング（インド）
ジャサール農場（パキスタン）	パガテック（ナイジェリア）
ジュフディ・キリモ（ケニア）	PVRI（インド）
マイクロドリップ（パキスタン）	スプロキシル（ナイジェリア）
国立農業支援プログラム（パキスタン）	UHEAL（ケニア）
マイクロファイナンス銀行（パキスタン）	ビジョン・スプリング（インド）
バーチャル・シティ（ケニア）	ボキシバ（インド）
ウェスタン・シード（ケニア）	ジキツァ健康保険有限会社（インド）
教　育	**住　居**
Edubridge（インド）	カシュフ財団（パキスタン）
ヒッポキャンパス学習センター（インド）	ジャミル・ボラ（ケニア）
エネルギー	カシュフ財団（パキスタン）
d.lightデザイン（インド）	カシュフ・ホールディング非公開有限責任会社（パキスタン）
籾殻発電システムズ（インド）	メディーム（ガーナ）
オーブ・エナジー（インド）	サイバン（パキスタン）
保健医療[(1)]	**水資源**
A to Z織物製作所（タンザニア）	エコタクト（ケニア）
ボタニカル・エクストラクツEPZ有限会社（ケニア）	GUARDIAN（インド）
ブックス・オブ・ホープ（ケニア）	ファーマゲン保健医療有限会社（パキスタン）
ブロード・リーチ（ケニア）	スプリング・ヘルス（インド）
サーク医療技術（ルワンダ）	ウォーター・ヘルス・インターナショナル（インド）
DART（ケニア）	

注：これらビジネスの説明については，Carmody et al.（2011：66）を参照。
出所：Acumen Fund Homepage（http://acumenfund.org, accessed 2012. 8.18）.

ログラム関連投資（Program-related Investments：PRIs）」（用語解説参照）、「ミッション投資」「マーケット・レート投資」のような確立された用語はすべて、近年、「インパクト投資」という用語に取って代わられた。しかし、「インパクト投資」という用語自体は、台頭しつつある領域のほんの一部をカバーしているだけで、また、この用語は重大な曖昧さをはらんでいる(14)。

これらのコンセプトをより広範な実務家・研究者層に伝えることが求められる。

さらに言うと、これらの発展を取り上げた既存文献の多くは「灰色文献」の形を取っており、限られた読者層を対象とした限定出版物としてしか利用できない。現在進行中の変革を広範な読者に届け、さらに、大学教員、非営利組織経営者、社会起業家、ビジネス・リーダー、銀行家、投資マネージャー、CSR担当者、公共政策専門家などの元に届ける文献はまったくない。フィランソロピーと社会的インパクト投資の新手法が潜在的に持つインパクトを実現するためには、これらのコンセプトをより広範な実務家・研究者層に伝える必要がある。初期のイノベーターさえ、この点を認識するようになっている。そのうちの二人が最近語っているように、「現在の課題は、この（インパクト投資の）視座を周縁から主流へと引き上げること」であり、そのためには「先駆的な実践から教訓を引き出し、これをより広い聴衆に効果的に伝達」する「新世代の伝道者」が求められるのである(15)。

1　本書の目的と戦略

本書の目的は、このような課題に応え、フィランソロピーのニューフロンティアと社会的インパクト投資に生起している重要な発展過程の全体像を提示する明快でわかりやすいロードマップを提供することである。さらに、この発展過程に対する認知度と共に、その信頼性と推進力を高め、この発展過程が直面する限界や課題を認識しつつ、それらがもたらす利益の最大化を可能にすることである。

結果として、本書は、フィランソロピーと社会的インパクト投資を変革する新たなアクターとツール、このような動きを引き起こした諸要因、そしてこれらのさらなる発展を促進するために必要とされる方策を初めて包括的に概観するものとなった。この概観に興味を持たれた読者は、姉妹書[16]（付録B参照）をひもといていただければ、新たなアクターの活動や様々な新しいツールのダイナミックな事業展開をより深く理解することができるだろう。

しかし、「フィランソロピーのニューフロンティア」の探求は、伝統的フィランソロピーが果たし続けている決定的な役割や、既存のフィランソロピー機関が果たし続けている膨大な貢献を過小評価するものでは決してないという点も強調しておかなければならない。実際、これから明らかにしていくように、フィランソロピーのニューフロンティアの創造は、多くの重要な点で、伝統的フィランソロピーのアクターたちが築いた土台の成果なのである。それだけでなく、フィランソロピーのニューフロンティアは、伝統的フィランソロピーが果たすべき新たな重要な役割の扉を開くということでもあるのだ。伝統的フィランソロピーの多くも、この役割を認識し理解するようになってきている。

三つの分析区分が、本書を構成している。

この発展を理解するために、我々は本書の構成に三つの分析区分を設定した。第一に、本書は、私がフィランソロピーのニューフロンティアと呼ぶ領域に登場した**アクター**と、彼らが利用している**ツール**を基本的に区別している。この区分は、新たな「フィランソロピー空間」内での活動が爆発的に拡大した結果、誰が何をしているかの分類に混乱が生じているために考案されたものである。どのアクターもそれぞれ様々なツールを利用することができて一対一の対応関係にないため、現状を明確化するためには、この区分が決定的に重要である。

第二に、アクターとツールという基本区分の枠内で、できる限り既存の資本市場類型に即しつつ、操作可能な下位区分カテゴリーを設定し、登場してきた多様なアクターとツールを分類しようと試みた。一般的にいえば、アクターはそれぞれが果たす機能に基づいて区別した。社会目的活動資金を募集・集積する者、投資家がこのスペースに参入・撤退できるよう流通市場や社会的証券取引所を提供する者、さらに、有望ベンチャーを発掘して専門的な技術支援を提供する者などが存在する。もちろん、この分野はまだ揺籃期にあるため、専門分化の程度は限定的なままである。これは、一人のアクターが、多様な役割を果たしたり複数のツールを利用したりするかもしれないということを意味する（コラム1参照）。たとえそうだとしても、果たしている基本的機能（アクター）と使用している手法類型（ツール）の間に意味のある区分を設定しなければ、この分野を理解することは不可能である。

コラム1　カルバート財団——多様な役割を担う社会的インパクト投資団体

一九九五年に設立されたカルバート財団は、社会的インパクト投資分野で様々な機能を果たしている。特にカルバート財団は、

- 社会的インパクト投資に二億ドル近い資金を運用している。
- 社会的投資家にコミュニティ投資証券を販売している。
- 認定投資アドバイス・サービス事業を行っている。
- ドナー・アドバイズド・ファンド（用語解説参照）を設立し、別組織として独立させて運営している。

出所：二〇一三年四月二九日のシャリ・ベレンバッハへの個人インタビューより。

新たなアクターとツールが直面している分野横断的な課題にも言及せず、伝統的フィランソロピーが果たし続けている決定的に重要な役割も認めなければ、その説明は不完全なものとなるだろう。

最後に、新たなアクターとツールの台頭は、多くの障壁に直面しており、対応する必要がある多くの分野横断的な課題を引き起こしている。これらの重要な障壁や課題、そしてそれがこの分野にもたらしたジレンマに言及することなく、新たなアクターとツールを説明しても、不完全なものにしかならないだろう。

本書は、四つの基本課題を追求する。それは、記述、分析、規範の設定、処方箋の提示である。

より具体的には、本書は次の四つの基本課題を追求する。

・**記　述**：フィランソロピーのニューフロンティアに形成されつつあるアクターとツールの主要類型を読者に紹介し、その独特で目新しい特徴のいくつかを析出する。これから明らかになるように、私は、アクターに関するある程度特徴的な一一類型と、「新たな」ツールの主要八類型を定立した。もちろん、別のやり方でこの混沌とした状況を分類しようとする者もいるだろうし、フィランソロピーのニューフロンティアの拡大に伴い、現在動いているダイナミズムがアクターとツールの双方にさらなる類型を生み出していくだろうという点は認識している。

・**分　析**：アクターとツールの急激な拡散現象が現時点で表面化した理由、およびそれが継続的に発展する見込みについて説明する。

・**規範の設定**：これらの発展がもたらす困難やリスクの存在を認め、こうした問題に対するこれまでの取り組みを認識する。

・**処方箋の提示**：これらの発展が約束する実質的な便益を確保しつつ、同時に発展が引き起こすリスクを避けるために必要な手段を明らかにする。

これらの課題を達成するため、本書は、本章に加えて自ずと五つの章に分かれることになる。第2章では、広義の「フィランソロピー空間」を占めるに至った多様な新アクターたちを検討する。アクターの中には、社会的投資仲介機関、流通市場、社会的証券取引所、フィランソロピー銀行としての財団、社会的投資ブローカーなどが含まれる。次いで第3章では、これらのアクターが使用している様々なツールを検討する。こうしたツールの多くは、ビジネスや政府の世界で何十年間も機能してきているが、フィランソロピーや社会的インパクト投資の世界では今まさに受け入れられつつあるものである。具体的には、ローン、ローン保証、その他の信用補完（用語解説参照）、株式投資、債券、社会的責任投資・購入、証券化などである。これ以外に、「社会的インパクト債」、顕彰、クラウドソーシングなど、本当に新しいものもある。

第4章では、フィランソロピーのニューフロンティアが台頭しつつある理由、特になぜ今なのかという問題に焦点を当てる。このために、第4章では、こうした発展を推進していると思われる一群の「需要要因」と「供給要因」を明らかにする。次いで、第5章は、この分野が直面している多くの障壁や困難に焦点を当てる。取り上げるのは、利用可能な投資受入可能案件の制約、この領域で社会・環境的インパクト測定手法を確立する上での困難、社会・環境目的支援事業のコントロールが政府・非営利組織から民間投資資金に移行することに伴う規範・分配上の潜在的帰結に対する懸念などである。最後に、第6章では、この分野を発展させ、この分野が直面する多様なリスクに対応するために必要な諸方策を取り上げる。こうした諸問題を一括して取り上げた結果、前述したように本書は、フィランソロピーのニューフロンティアで活動する新たなアクターとツールに関する初の包括的な解説書となった。本書は、この社会目的活動の新形態に関する情報提供、教育、訓練、および促進等に向けた知識基盤を深化させるだろう。

2　専門用語についての注釈

しかし、これらの課題検討に入る前に、専門用語について一言付け加えておく必要がある。前述したように、本書が網羅する活動分野は専門用語の観点からみると不毛の地となっており、競争に敗れた用語や打ち捨てられた用語が多数散乱しているのが現状である。最近、フィランソロピーのニューフロンティアの初期のある冒険者が、「二〇〇一年にこの分野で働き始めた時、私はプログラム関連投資（PRI）専門家だった。今、私はインパクト投資家である。しかし、（私の仕事は）ほとんどまったくと言っていいほど同一である」[17]と述べている。このような状況なので、我々には一定の重要用語の使用法とその理由を明確化しておく義務があるだろう。

フィランソロピーのニューフロンティア

まず、「フィランソロピーのニューフロンティア」から始めるのが自然だろう。疑いもなく、この用語は各方面から反発に遭うと思われる。反発の理由は二つで相互に異なっている。第一に、「フィランソロピー」と社会的インパクト「投資」の間に明確な一線を引こうとする論者がいる。彼らは、金持ちの有閑夫人が寄る辺ない孤児たちにお金を恵んであげるという家父長的慈善活動のイメージをいまだに引きずっていて、フィランソロピーを時代遅れの言葉とみなしている。しかし、このイメージは、新たに参入してきた、投資志向で評価指標至上主義の「フィランソロピー資本家」や「インパクト投資家」たちが追求するイメージとはまったく異なっている[18]。第二に、「ニューフロンティア」は本当に新しいのかという疑問を呈する論者もいるだろう。第2章で「フィランソロピー銀行」の機能を果たしている財団について議論する際に説明するが、結局のところ、社会目的促進のために助成金以外の支援手法を利用するというこのアクター類型の主要特徴に関しては、ベンジャミン・フランクリンが二〇〇年以上も前に窮乏した職工にローンを提供する慈善団体を設立したという先駆的事例があるのである。

我々は「フィランソロピー」という用語をその最も基礎的な意味で使用している。すなわち、「社会・環境目的への民間資金の提供」である。

にもかかわらず、私は、「フィランソロピーのニューフロンティア」という言葉が、よく似た代替用語のいずれと比較しても、本章の主題を最も適切に記述していると確信している。理由の一つは、本書が取り上げる領域には、「インパクト投資」として知られる社会的投資の新形態以外のものが含まれていることである。本書が取り上げる発展には、社会的責任投資・購入、顕彰、クラウドソーシング、そして様々な形態の共同寄付・投資なども含まれている。しかし、おそらくより根本的な理由は、「フィランソロピー」という言葉を最も基礎的で最も広い意味、すなわち「**社会・環境目的への民間資金の提供**」という意味で使用している点である。(19) このフィランソロピーの定義では、資金源（民間資金であること）や資金使用目的（十分に社会・環境的であること）に比べて、資金提供形態はそれほど重要ではない。本書の主たる関心事項である社会的インパクト投資は、この意味で以上のように理解されたフィランソロピー分野の枠内にうまく収まるのである。

なお、本書が取り上げる事象の多くは世間的にみれば新しいものではないかもしれない。しかし、その多くは社会・環境目的にとっては新しいか、以前にはなかった規模で動いているのである。たとえば、葬儀保険のような保険形態は長い間貧困層に利用されてきた。新しいのは、民間営利保険会社が、貧困層の手の届く価格で医療、穀物栽培、災害などのニーズにあったマイクロ保険商品を販売するようになったことである。同様に、キャパシティ・ビルディング支援も数十年間にわたり非営利組織が利用してきた。しかし、フィランソロピーのニューフロンティアにおけるキャパシティ・ビルディング支援は、理事会強化、資金調達、会計の制度化のような伝統的なトピックの代わりに、有望ベンチャーのスケールアップ、安定的な事業収入基盤の確立、様々な投資資本の調達などに重点を置いている。最後に、寄付手法としては比較的新しい形態のドナー・アドバイズド・ファンドでさえ、アメリカでは数十年にわたって存在している。しかし、新しいのは企業設立寄付基金の登場とその急成長である。これは、営利投資会社の別組織として設立された公益財団を通じて、寄付者がドナー・アドバイズド・ファンドを運用するというものである。ファンドの中核部分はこの営利投資会社が運用している。

これらすべてが、過去二〇年間の大規模な発展の成果であり、一部は過去五年間の成果である。しかし、そのすべてが社会・環境目的に向けた民間資金の調達・分配にかかわっているという意味で、それは本質的にフィランソロピーなのである。

「フィランソロピー」という言葉を使用するもう一つの利点は、たとえこれらの活動で利潤が期待されていても、その根本的な目的は、字義通り「ソーシャル」なままであり続けることを思い出させてくれる点にある。

しかし、これらの発展を記述するために「フィランソロピー」という言葉を使用することは、単に用語法として正しいというだけではない。もう一つの利点は、たとえこれらの活動が、民間ビジネスに関与し、しばしば金銭的リターンを生み出すことが期待される支援形態を使っていても、その根本的な目的は、字義通り「ソーシャル」なままであり続けるということを思い出させてくれる点にある。ここで言う「ソーシャル」とは、「相互の取引が成員の共通福祉に影響する状況下で、一つの集団として共同生活する人間たちについての、あるいはこのような人間たちに関係する」用語である。[20] この意味においてのみ、我々は発展の初期に活躍した二人の人物が危惧していた危険を避けることができるだろう。彼らは、もしも社会・環境的インパクトの定義が「実質的に意味をなさない」までに「曖昧で希薄」になれば（私としては「弱体化」されればと付け加えたいが）、フィランソロピーのニューフロンティアにおける諸活動は「安易すぎる」ものになるだろうと警告していたのである。[21]

社会的インパクト投資

こうした理由から、我々は、フィランソロピーのニューフロンティアという、社会・環境目的のための民間投資資本活用において中核を担っている支援手法を解明するにあたり、入手可能な多くの先行文献で使用されているある最新用語に少し修正を加えることにした。その用語とは「インパクト投資」である。この用語は、ロックフェラー財団が二〇〇〇年代半ばに開催した一連の会合から生まれてきたものである。この会合は、ロックフェラー財団が、民間投資機関や財団が運営を支援してきた民間投資ファンドを招いて、先進国と開発途上国を問わず世界各地で誕生していた社会的企業への支援の一環として開催した。会合の参加者たちは、「社会的投資」「プログラム関連投資」「ミッション投資」あるいは「社会的責任投資」などの既存の用語は、印象が薄く、財団・フィランソロピスト寄りで、曖昧・受動的すぎるため、民間投資資本の冷徹な運用マネージャーの心に訴えかけることができないという認識をもっていた。さらに、これらの用語では、新たな投資ビジネスのターゲットと想定されていた「アセット・クラス」（訳注：同じようなリターン・リスク特性を持った投資対象資産グループを指す）を明確化できないという認識もあったのである。

ただ、彼らの名誉のために付け加えておけば、「インパクト投資」という用語の発案者は、この目的に資する聡明な解決案を考え出したといえる。問題は、解決案がこの目的にうまく役立ったかもしれないが、同時に、モニター・インスティチュートの二〇〇九年報告で警告されていた危険性への扉を開くことにもなった点である。その危険性とは、「インパクト投資」という言葉の基礎となる概念を「曖昧で希薄」にしすぎると「実質的に意味をなさない」ものになってしまう、という点である。インパクト投資の擁護者は、インパクト投資が「金銭的リターンを超えたポジティブなインパクトを生み出すことを意図した投資」である点を常に強調するが[22]、「インパクト投資」という用語自体は、そのような「ポジティブなインパクト」の内実として何が想定されているかについて、あるいはポジティブなインパクトがそもそもあるのかどうかを見分ける基準は何かについて、ほとんど何の手がかりも提供しない。この結果、インパクト投資という用語は、暗黙のうちに、社会・環境的便益より投資リターンに思考の力点を置くことになる。

「インパクト投資」という用語自体は、そのような「ポジティブなインパクト」の内実として何が想定されているかについてほとんど何の手がかりも提供しない。

この分野の二人の指導者が（アンソニー・バグ＝レバインとジェド・エマーソン）発表した最新のインパクト投資に関する著作も、この問題を十分には明確化していない。これを読むと、「営利も非営利も等しく、すべての組織が、経済、社会、環境の各要素からなる価値を生み出す。すべての投資家は、マーケット・レートのリターンを追求しようが慈善目的であろうが、あるいはその二つの折衷であろうが、これら三つの価値を生み出すのである[23]」ということはわかる。実際、この主題を取り上げた最新の著作では、「インパクト投資」における「インパクト」という用語を、「個人、コミュニティ、そして／または社会全体の個々の行為や行動の変化によって、経済、社会、文化、環境、そして／または政治的状況を意味のある形で変革すること[24]」とさえ定義されている。

しかし、仮に組織と投資家がすべて「インパクト投資」における「インパクト」という用語が、その目標や内実にかかわりなく、すべて「意味のある変革」で構成されているとすれば、いかにして我々は「インパクト投資家」を普通の投資家と区別することができるだろうか。その回答は、「意図」、特に投資先の意図にかかっており、さらに真摯なインパクト報告書では考察されている「混合価値リターン」への投資家の配慮にかかっているようである。[25]しかし、「意図」は、よく知られているように評価が困難であり、二〇〇九年のモニター・インスティチュートのインパクト投資報告が認めているように、社会・環境的インパクト評価システムには「懐疑的にならざるを得ないだけの十分な理由がある」のである。なぜなら「既存の金融市場と動機付けシステムは、『グリーン資金洗浄』（訳注：環境保護の名を借りた利益追求のことを指す）や基準のなし崩し化に向けた大きなプル要因を作り出す。……（中略）……というのも、資産運用マネージャーは、投資インパクトを確実にするという長く困難な仕事など引き受けず、インパクト投資への顧客の関心の盛り上がりにのみ対応しようとするからである[26]」。

インパクト投資の分野では、すでにインパクト評価基準がまとまった形で開発されている。しかし、それはあまりにも数が多いので、子供たちがみな賞をもらって帰宅できるよう設計された小学校のコンテストのようになりはじめている。懐疑派が「インパクト投資」の定義が「犬の朝飯」（訳注：混沌とした状況を表す喩え）のような状況になりつつあると心配しはじめ[27]、別の一派が投資により期待されるインパクトを明確にするために「コミュニティ」のような形容詞を前に加えるべきだと主張しているのも驚くにあたらない[28]。

以上のような曖昧さのそしりを避けるため、本書は後者に従うことにした。すなわち、「混合価値を志向するインパクト投資は、ビジネスの力とフィランソロピーの目的を結合する」というアンソニー・バグ＝レバインとジェド・エマーソンの見解[29]にヒントを得て、我々は、この事象を記述する用語はビジネスとフィランソロピーの双方を等価に位置づけるべきだと提案したい。我々は、この事象に言及する際、「社会・環境的インパクト投資」や、あるいは短くして単に「社会的インパクト投資」という用語を使用する。理由は、これらの投資が生み出す金銭的リターンと社会・環境面での効果を等しく強調するためである[30]。

社会目的

フィランソロピーのニューフロンティアにおける活動の重要な構成要素を記述するため、一般に使用されている「インパクト投資」という言葉に「社会的」という言葉を付け加えようというのが我々の提案だが、だとすると、「社会的」という言葉で我々が何を念頭においているかを明確にする必要があるだろう。根本的な部分では、本書は社会的インパクト投資を主として「社会的価値」生成を追求する投資だとみなしている。言い換えれば、「**特に恵まれない人たちを中心とした、住民の健康、福祉、生活の質の促進。思想の表現の自由の奨励。あるいは寛容の育成**」を追求する投資である。とはいえ、「社会的インパクト投資」として何が真に重要かについての意見は異なりうる。例を挙げると、恵まれない地域に投資されれば、受益者が誰であるかにかかわりなく社会目的に資する投資だと考える論者もいる一方で、「投資が貧困国においてなされたという事実だけでは、インパクト投資としての資格を持つのに十分ではない」という論者もいる。(31)

投資が社会目的に役立っているかどうかは、その投資が三つの決定的な要因のいずれかにいかに影響しているかによって決定されるだろう。

本書での我々の目的に即していうと、投資が社会目的に役立っているどうかは、次の三つの主要要因のいずれかに対する影響によって決定されるだろう。第一に**投資により支援される住民**、特にいくつかの重要な点で投資対象が恵まれない住民であるかどうかという点。第二に、**投資が支援する生産過程**、特に投資が恵まれない住民や社会的に排除された人々の雇用や訓練に明白にかかわっているかどうか、あるいは製造過程の環境インパクトを減少させているかどうかという点。第三に、**生み出される財やサービス**。たとえば、これらが環境面で利益を生み出しているかどうかという点である。

投資資本対事業収入

明確にしておくべきもう一つの重要な用語法上の区別は、営利・非営利にかかわらず、すべての活動について、**資本**と**事業収入**（用語解説参照）を分けて考えることである。従来、社会目的組織の財務に関する議論の多くが**事業収入**に焦点を当ててきた。特に非営利組織についてはこれが議論の中心だった。事業収入とは、毎年、継続して行う業務運営のために組織が使用する収入のことである。通常、この資金は、個人や財団からの寄付、政府の補助金や業務委託契約、サービス料などから得られる。[32]

投資資本は、多くの意味において組織の活力源である。

しかし、フィランソロピーのニューフロンティアのアクターから社会目的組織に流れ込んでくる資金は、全部とはいわないまでもその大半が、これとは異なる種類のものである。それは**投資資本**という形態を取る。投資資本は、将来的に事業収入の確保に貢献するかもしれないが、基本的には、設備・施設の整備、技術の獲得、戦略計画の策定などを通じた長期的な組織基盤・能力の構築につながる収入を意味する。投資資本に期待されるのは、より長期的な視点から見た組織作りである（コラム2参照）。投資資本も、その資金源や形態は多様である。富裕なパトロンが、美術館に美術品を寄贈したり大学に建物建設のための資金を寄贈したりする時のように、寄付として提供される場合もあり得る。しかし、通常、投資資本は寄付以外の二形態のいずれか一方または両方を通じて得られる。この二形態とは、①**債務**（用語解説参照）、すなわち、ローン、またはローンの一類型としての債券販売収入と、②**株式**、すなわちある組織の所有権または株式、出資金の購入である。いずれの場合でも、投資資本の提供者は、通常、何か投資の見返りを要求する。それは、債務の場合には元本と利子の支払いであり、株式の場合には、持ち株と、投資先が稼ぐ利益や剰余金の配当である。

投資資本は、多くの点で組織の活力源である。なぜなら、投資資本こそが組織の成長を可能とするか

コラム2　投資資本対事業収入

「事業収入」によって、組織は特定のアウトプットやアウトカムを提供することができる。日常的な活動や定期的なサービス提供、継続プロジェクトなどが対象となる。通常、事業収入は受託契約に基づくサービス料収入、補助金、寄付金などの形態を取る。

「投資資本」によって、組織は、社会的使命の実現に必要な長期的なキャパシティ・ビルディングの資金を調達する。

出所：UK Big Society Capital（http://www.bigsocietycapital.com/what-social-investment）

図1－3　米国非営利団体の資金需要と資金獲得成功率（2006年）

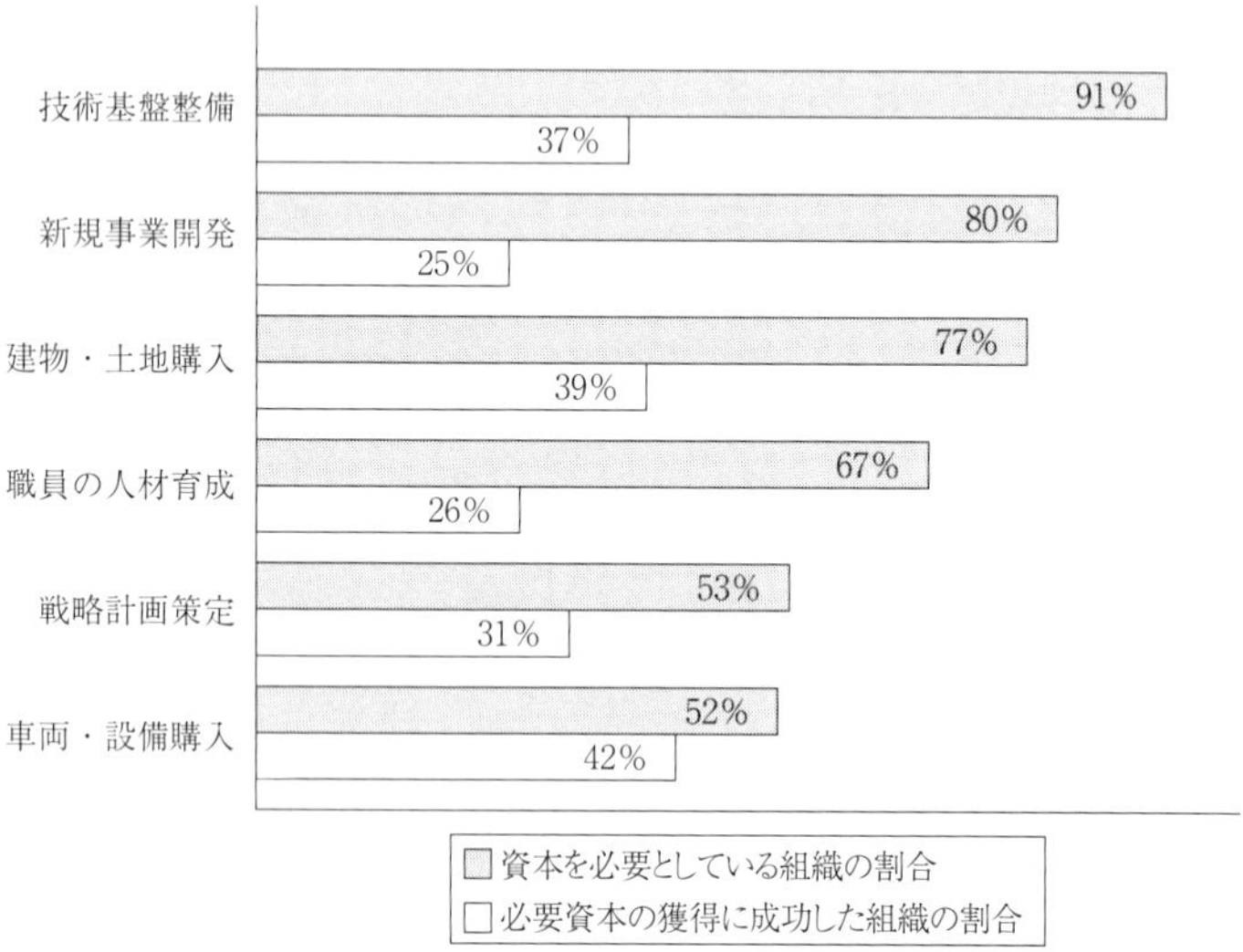

出所：Lester M. Salamon and Stephanie Geller, "Investment Capital : The New Challenge for American Nonprotits." *Communiqué* No.5 (Baltimore : Johns Hopkins Nonprofit Listening Post Project, 2006).

らである。しかし、歴史的にみると、社会目的組織が投資資本を獲得するのは困難だった。一つには、非営利組織である限り、**株式投資**（用語解説参照）という、本質的に無料のために最も魅力的である投資形態を受け入れることができないという事情があった。無料であるとは、会社が利益を上げて配当を支払ったり株価が値上がりしたりするまで、株式投資家に何も支払う必要がないということである。しかし、非営利組織は、投資家や所有者に配当を支払うことを禁じられており、また株式を外部の投資家に売却することもできない。このため、非営利組織は、**準株式**として徐々に知られるようになってきた特別な措置なしには、株式投資に手を付けることができない。

図1-4　米国非営利組織が投資資本調達の際に直面する困難（資金源別，2006年）

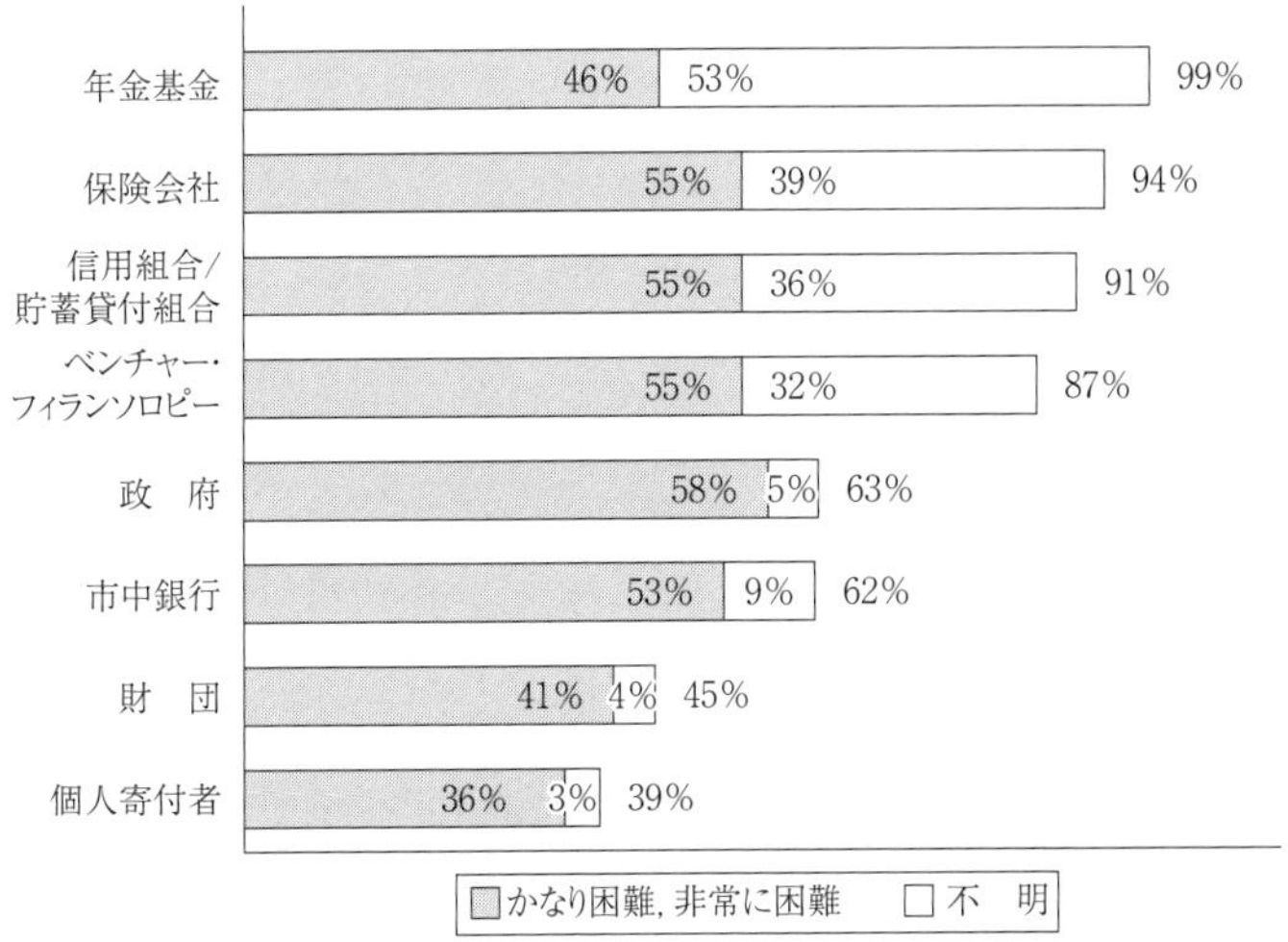

出所：図1-3と同じ。

債券収入も、通常は社会目的組織の埒外のものだった。以下の記述で明らかになるが、額面金額が五〇〇〇万ドルをはるかに下回る債券を発行することは、経済的にはほとんどありえない。これでは、大学や病院などの大規模の社会目的組織以外はすべて、敷居の外で順番が回ってくるのを並んで待つしかないだろう。この結果、**ローン**しか残らないことになる。しかし、社会目的組織の収入基盤にはリスクがあると思われているため、彼らはしばしば借りた債務に上乗せ金利を支払わなければならない。これは、ジョンズ・ホプキンス大学の非営利組織聞き取りプロジェクトが、アメリカの社会福祉、コミュニティ開発、芸術分野の非営利組織を対象に行った調査結果に表われている。調査では、この分野の調査対象組織の八〇~九〇%が、技術獲得や施設の購入・改装、新規プログラム開発などのために投資資本が必要だと回答しているが、投資資本の確保に成功したと回答したのは四〇%未満しかなかったのである[33]（図1-3参照）。

さらに、これらの組織が様々な資金源から投資資本を獲得した際の経験について聞いたところ、年金基金、保険会社、信用組合、ベンチャー・キャピタルなど、アメリカ経済における投資資本の主要供給源から資金を調達するにあたり、「かなり困難」や「非常に困難」のいずれかを経験したとの回答が九〇%を超えていた。そうでなければ、彼らは単にこうした主要資金源にアプローチする経験も知識もないため、市中銀行や財団に依存し続けることになる[34]（図1-4参照）。

本書が取り上げる諸発展の主要目標は、広範な社会・環境目的組織に新たな投資資本の流れを開くことで、このジレンマを解消しようという点にある。以上の背景を踏まえ、これらの発展がどのようなものかをみていくことにしよう。

第2章　フィランソロピーのニューフロンティア探索Ⅰ
――新たなアクター

どんなフロンティアでも、成功裏に旅をするには少なくともその土地の基本地図を入手し、途中で出くわすかもしれない野生動物の種類を見分ける何らかの方法を頭に入れておいた方がいい。残念ながら、今まで、フィランソロピーのニューフロンティアの大半は藪で覆われ様々な未知の生命形態がひしめく地図のない土地だった。本書の中心的な目的は、この土地に足を踏み入れようと最初の一歩を踏み出す前に、出くわすかもしれない者たちをもう少し明らかにしておきたいと考える人々に、まとまった形で案内を提供することである。

残念ながら、今まで、フィランソロピーのニューフロンティアの大半は、地図のない土地だった。

このためには、すでに前章で検討したように、図2-1（三七頁）のような形でフィランソロピーのニューフロンティアを**アクター**の領域と**ツール**の領域の二つに分けることが有益だろう。**アクター**の領域には、フィランソロピー空間とでもいうべき場所を占める多くの新機関が含まれる。これらアクターたちは極めて多様だが、これを識別して一ダース前後の「部族」に区分することは可能である。同様に、**ツール**の領域には、これらアクターたちが活動する際に利用する多様な資金提供手段がある。我々は、ローン・信用補完（用語解説参照）から新たなタイプの助成金まで、八種類の手段を識別した。

本章と次章の基本的な目的は、これら多様なアクターとツールを紹介することである。フィランソロピーのニューフロンティア訪問者の大半が最初に出会うのは多様性に富む新アクターたちの可能性が高いため、まず彼らから始めよう。興味深いのは、フィランソロピーのニューフロンティアを少し一瞥しただけで明らかに、この土地が隅々まで開拓されている訳では決してないにせよ、生物がまったく生息していない訳でもない点である。逆に、この土地は、いくつかの注目すべき生命形態の住処となっている。

フィランソロピーのニューフロンティアは、すでに、いくつかの注目すべき生命形態の住処となっている。

図2-1が示すように、これら生命形態は三類型にグループ化できる。基本的に、第一類型は新たに登場した社会的インパクト投資市場で資金調達をはじめた新たなタイプの金融機関である。この類型に含まれるのは、伝統的フィランソロピー機関とはまったく異なる五種類の団体、すなわち、「社

図2-1　フィランソロピーのニューフロンティアのアクターとツール

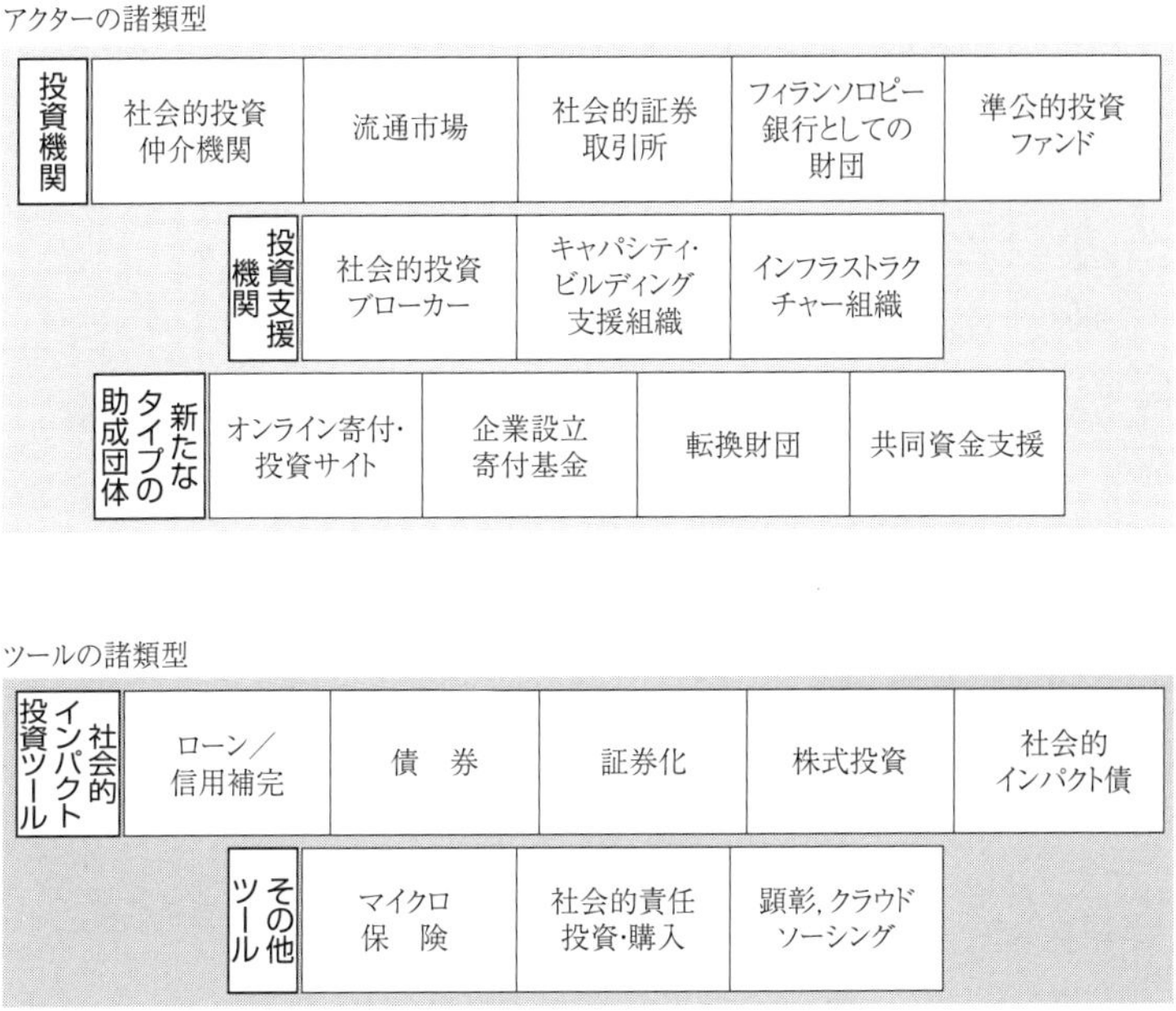

投資機関	社会的投資仲介機関	流通市場	社会的証券取引所	フィランソロピー銀行としての財団	準公的投資ファンド
	投資支援機関	社会的投資ブローカー	キャパシティ・ビルディング支援組織	インフラストラクチャー組織	
		新たなタイプの助成団体	オンライン寄付・投資サイト	企業設立寄付基金	転換財団	共同資金支援

社会的インパクト投資ツール	ローン／信用補完	債　券	証券化	株式投資	社会的インパクト債
	その他ツール	マイクロ保険	社会的責任投資・購入	顕彰，クラウドソーシング	

会的投資仲介機関」、流通市場（用語解説参照）、社会的証券取引所（用語解説参照）、準公的投資ファンド、および「フィランソロピー銀行」としての財団である。第二類型は、こうした新たな社会的インパクト金融機関に様々な支援を提供するアクターで構成される。ここに含まれるのは、「社会的投資ブローカー」（用語解説参照）、新しいタイプの「キャパシティ・ビルディング支援組織」、および様々な支援を行うインフラストラクチャー組織である。最後に、あくまで伝統的なフィランソロピー・ツールである助成金を中心とするが、新たな手法で助成事業に取り組む多様なアクターたちがいる。

ここに含まれるのは、企業設立寄付基金、転換財団（用語解説参照）、オンライン寄付・投資サイト（用語解説参照）、および共同資金支援（用語解説参照）である。これら類型の各事例をより詳しくみてみよう。

1　社会的インパクト投資機関

フィランソロピーのニューフロンティアは、社会・環境目的を志向する新たな投資資金源のレバレッジを重視する。この点を考慮すれば、クック船長のようにこのフロンティア領域への航海に乗り出すにあたり、こうした資金源からの資金調達・配分を目的に登場した新たな金融機関からはじめるのが自然だろう。前述したように、ここでは特に五種類の新アクターが注目に値する。

フィランソロピーのニューフロンティアの新たなアクターの中で最も重要なものの一つが社会的投資仲介機関であることは容易に想像がつくだろう。

社会的投資仲介機関

これらアクターの中で決定的に重要な類型の一つが**社会的投資仲介機関**であることは容易に想像が

つくだろう。これは、最終的に社会目的組織に投資するための資金を募る組織である。こうした役割が必要とされる理由は、資金を効率的に直接投資できる立場にある個人富裕層でさえ、通常は直接投資だけを行っている訳ではないという点にある。実際は、投資資金を持つ人々の大多数がある種の機関かファンドを通じて間接投資を行っている。こうした機関やファンドは、様々な投資家から資金を募ってそれぞれに適した投資先を見つけたり、あるいは資本市場のアクターたちに取引のための市場を提供したりしている。

こうした機関は、投資会社、投資信託、債券・株式ファンドなどの形で一般の資本市場に普及しているが、社会目的投資領域では、長い間、ほとんど、あるいはまったくといっていいほど存在してこなかった。この結果、社会目的組織の資本需要は、せいぜい政府、財団、富裕層、市中銀行などの資金で充たされるだけにとどまっていた。しかし、この状況は、過去四〇年間で大きく変化し、特に過去一〇年間の変化は劇的だった。その多くは政府の促進政策によるものである。

この領域では、アメリカが初期の革新者だった。一九六〇年代に連邦政府資金によりコミュニティ開発公社ネットワークを設立したのを手始めに、一九六〇年代後半から一九七〇〜一九八〇年代にわたり、困窮地域の雇用創設促進に向けた州政府主導株式基金の設立、[1]低所得者向け住宅建設とコミュニティ再開発に民間投資資本を向かわせるよう制度設計された連邦政府の税制優遇、およびその他の諸施策が次々に導入されてきた。[2]ムハンマド・ユヌスのような人々の活動を通じたマイクロクレジットの創設・普及、さらにC・K・プラハラードによる「ボトム・オブ・ピラミッドにおける富」の認知度向上に伴い、社会目的投資に着目する社会的投資仲介機関の数は急速に拡大してきている。

その多彩な出自にふさわしく、社会的投資仲介機関の形態や規模は多岐にわたっており、資金源も多様である。そこには、個人富裕層や財団がおり、近年は次第に、年金基金、保険会社、およびJ・P・モルガン・チェースやバンク・オブ・アメリカ、シティバンク、UBSのようなグローバル金融サービス会社などの主流金融機関も増えてきている。これら主流金融機関はすべて、「経済的利益と社会貢献を両立」させる機会に魅了され、いわゆるインパクト投資に将来性のある新規「アセット・クラス」を見出し始めている[3]。

これら団体は、資金調達先だけではなく投資先への資金提供形態も多様である。ローンやそれ以外の債務形態を中心とするファンドもあれば、初期事業立ち上げから持続可能レベルへの飛躍まで、ベンチャーの発展段階に応じて様々な形態の株式を提供することを専門にするファンドもある。

多くの社会的投資仲介機関は、特定のニッチ市場かニッチ地域に着目する。たとえば、ACCIONインターナショナルは第三世界諸国のマイクロファイナンス貸付機関に重点を置く。この分野の成長を反映し、ACCION系列団体の一つであるメキシコのバンコ・コンパラタモスは、二〇〇七年の新規株式公開時に一社だけで四億六七〇〇万ドルを調達し、グローバル・マイクロファイナンス業界全体の運用資産が二〇一〇年時点で六五〇億ドル以上に急成長する一助となった[4]。

次いで、疲弊した都市・農村コミュニティに着目する九〇〇以上もの米国コミュニティ開発金融機関（用語解説参照）がある。これには、六〇〇以上のコミュニティ開発ローン・ファンド、八〇のべンチャー・キャピタル・ファンド、一九〇のコミュニティ開発信用組合、および三五〇のコミュニティ開発銀行が含まれる。これら機関は、二〇一三年末時点で五〇〇億ドルの資金を運用している。資金は、コミュニティ開発金融機関自身の普通株や優先株、リンクト・デポジット、特定の借り手層を対象としたコミュニティ開発金融機関ローンに対する保証、最後に、コミュニティ開発金融機関のバランスシート強化と他の資金源へのアクセス改善のために発行されたコミュニティ開発金融機関向け劣後ローン（用語解説参照）などから調達している。[5]

社会的投資仲介機関は、社会的資本市場の仲買人として機能している。

しかし、その対象や投資家がどのようなものであろうと、すべての社会的投資仲介機関は、社会目的活動に投資しようとする投資家にアプローチし、次いで投資先として将来性のあるソーシャル・ベンチャーを探し出してくるという形で、社会的資本市場の仲買人としての機能を果たしている。もちろん、投資家のリスク・リターン選好はそれぞれ異なるため、社会的投資仲介機関は顧客の選好にあわせる形で社会的資本市場内でのそれぞれの活動領域を定める。投資家の異なるリスク・リターン選好対応への代替策として、社会的投資仲介機関は、資本「スタック」（訳注：Capital Stack. 用語解説参照）の組成や、本書冒頭で紹介した事例のような多層的「ストラクチャード投資商品」の組成、あるいは潜在的な投資家層に応じてそれぞれ異なるリスク・リターン特性を持つ「トランシェ」（訳注：tranche. フランス語で「一切れ」という意味の言葉で、証券化された金融商品などを、異なるリスク・リターン特性に応じて切り分けたもの。それぞれのトランシェは、個別に販売される）の組成などを行うこともできる。

こうした動向を踏まえ、社会的インパクト投資の論者たちは、「インパクト優先」投資家（用語解説参照）と「収益優先」投資家（用語解説参照）を明確に区別しはじめた。両者の相違は、「インパクト優先」投資家が、最低限の金銭的リターンさえ確保できれば投資の社会・環境的インパクトの最大化を追求しようとするのに対し、「収益優先」投資家は、最低限の社会・環境的インパクト基準を充たしつつも高利でリスク調整されたマーケット・レートのリターンを追求しようとする点にある。[6] それぞれの投資家にとっての収益面および社会的インパクト面での「下限」は大幅に異なる。この結果、**インパクト優先投資家**にとっては、インパクト面での閾値は収益優先投資家のものより高く、収益面での閾値は収益優先投資家のものより低くなる。この逆も同様である。このため、社会的インパクト投資空間におけるそれぞれの投資家の「最適選好領域」は、図2-2に示すように微妙に異なることになる。[7] 図2-2のBとCの象限はインパクト優先投資家向けの領域で、AとCの象限は収益優先投資家向けの領域である。社会的投資仲介機関が、それぞれの類型に応じて異なる領域で活動しているのは驚くにはあたらない。一般的に、非営利型社会的投資仲介機関は、個人や財団などインパクト優先投資家にアピールする傾向にある。インパクト優先投資家向けの収益下限は、営利投資家向けよりも低く設定することができる。また、インパクト優先投資家はより高いリスクを引き受けようとする

図2-2　社会的インパクト投資家における「インパクト優先」志向と「収益優先」志向の相関関係

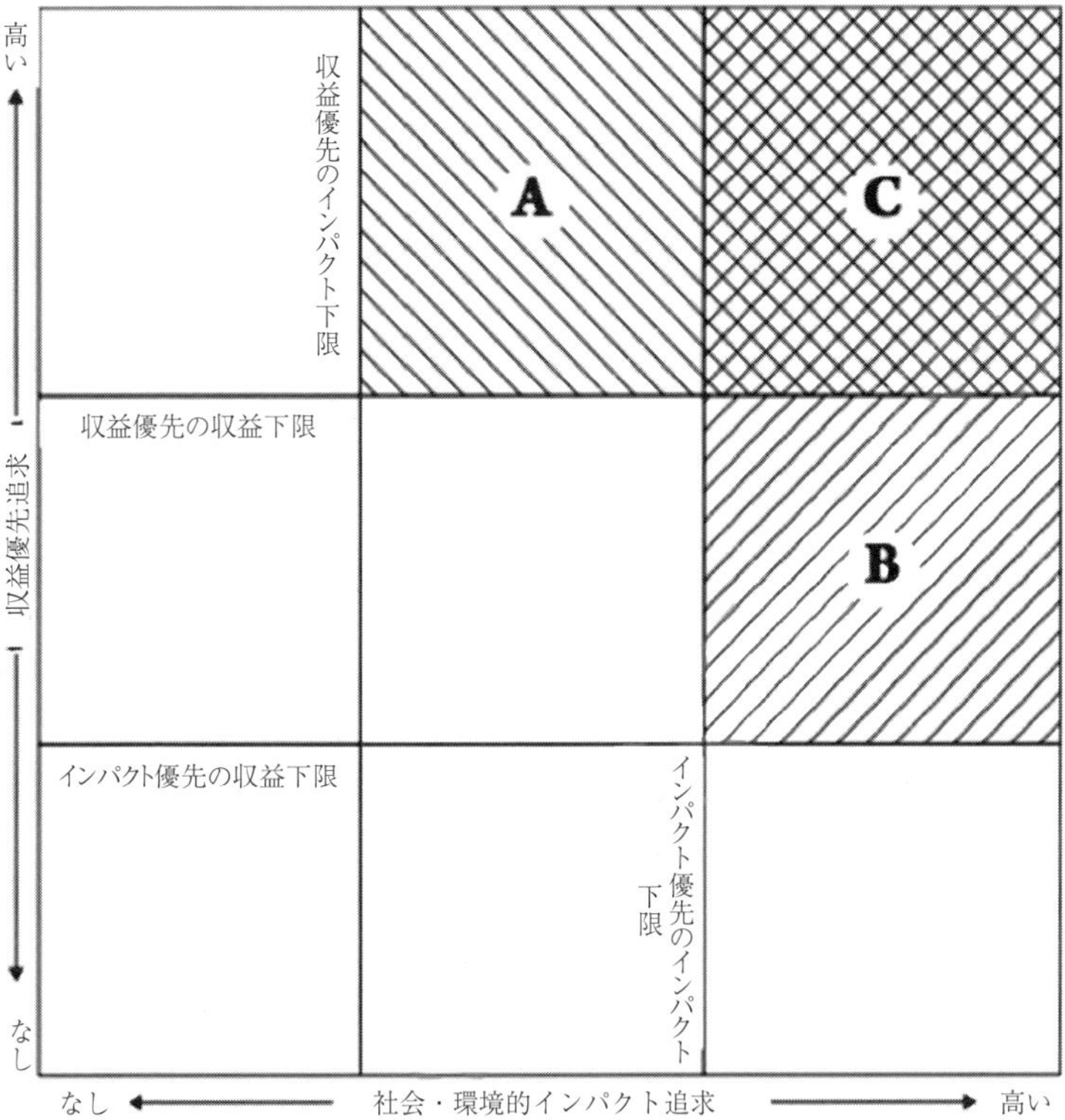

注：A=収益優先投資家の領域
　　B=インパクト優先投資家の領域
　　C=収益優先投資家とインパクト優先投資家が重なる領域

出所：Jesica-Freireich & Katherine Fulton, Investing for Social and Environmental Impact, Monitor Institute, 2009（http://www.monitorinstitute.com/impactinvesting/documents/InvestingforSocialandEnvImpact_FullReport_004.pdf）. 許可を得て転載。

だろう。このため、彼らは前述したストラクチャード投資商品を重視する。なぜなら、彼らがストラクチャード投資商品最下層のファースト・ロス部分へのグラント提供やトランシェ保証を進んで行えば、これを通じてリスクの大半が吸収される結果、それなしではほとんど魅力のない取引へと営利志向の民間投資家を向かわせることができるからである。

このタイプの非営利型社会的投資仲介機関の典型例が、アキュメン・ファンドである。アキュメン・ファンドは二〇〇一年に設立された非営利型社会的投資仲介機関として強力な投資ポートフォリオを構築し、南アジア、東アフリカ、西アフリカの八カ国において、「一日四ドル以下の収入しかない人々を対象に、彼らが手に届く価格で（水資源、保健医療、住居、エネルギーなどの）重要サービスを提供することができる起業家」を支援している。彼らの目的は明らかにインパクト優先だった。[8]アキュメン・ファンドは、低利子か元本返還だけでよしとする「フィランソロピー資本」を募集しているが、同時に「金銭的リターンと社会的リターンの双方を生み出すことを意図した規律ある投資」を行う努力も怠っていない（コラム3参照）。

これに対し、営利型社会的投資仲介機関は、それなりの社会的リターンを追求しつつも金銭的リターン目標を高く設定する傾向が強い。たとえば、イギリスに拠点を置くブリッジ・ベンチャーズやドバイに拠点を置くウィロー・インパクト・インベスターズは、共に営利型社会的投資仲介機関として、未公開株モデルを利用し、リスクを調整したマーケット・レートのリターン期待を持つ投資家からファンドを募っている。[9]

コラム3　アキュメン・ファンドの設立理念
――世界の貧困への取り組み手法を変革する

我々の設立理念は、社会的企業、新進リーダー、斬新なアイデアなどへの投資を通じて貧困を乗り越えた世界を生み出すことである。

我々のビジョンは、いつの日か、人類すべてが必要不可欠な財とサービス――適切な価格で提供される保健医療、水、住居、エネルギー、農産物、その他のサービス――を入手できるようになり、この結果、自己決定と自己選択、および人としての潜在的能力の解放が可能となることである。ここから、尊厳がはじまる。それは貧者のみならず地球上のすべての人々のものである。

我々の課題

今日の世界では、グローバリゼーションや市場・テクノロジーのパワーによって膨大な富が生み出されている。しかし、富裕層と貧困層の間のギャップは拡大し続けている。グローバル経済の恩恵を一日四ドル以下で暮らす世界の大多数の人々に拡大していくために、何らかの措置を講じる必要がある。

なぜ慈善活動だけでは回答にならないのか

貧しい人々が求めているのは尊厳であって依存ではない。伝統的な慈善活動は直接的ニーズを満たすが、人々が自分たちの問題を長期的に解決するようにはできない。慈善資金が枯渇してもマーケット・ベースの手法には成長の可能性がある。この手法が、貧困という大問題に対するソリューションの一部とならねばならない。

なぜ市場だけでは回答にならないのか

最貧困層は、常にビジネスや社会の視野の外に置かれてきた。ビジネスは、そこに市場機会としての重要性を何も認めていない。政府も、低所得者居住地域では、上水道、保健医療、住居、エネルギーなどの基礎サービスを賄うのに十分な税収を確保できないとみなしている。高いコスト、貧弱な流通システム、地理的に散在している顧客、限られたファイナンス機会、時に発生する汚職などの悪条件を乗り越えて、こうした基幹的なサービスを適切な価格で提供する新たなモデルを構築するには、想像力豊かなビジネス・ソリューションとパートナーシップが求められる。これは、従来の資本家では受入不可能だったリスク・リターン特性を進んで引き受けようとする投資家の支援があって初めて実現可能となる。

開発パラダイムの転換

我々は、先駆的起業家が最終的には貧困問題のソリューションを見つけ出すと信じている。アキュメン・ファンドが支援している起業家は、一日四ドル以下の収入しかない人々でも手が届く価格で、水、保健医療、住居、エネルギーなどの基幹的サービスを提供することを重視する。鍵を握るのが、忍耐強い資本（patient capital）である。我々は、フィランソロピー資金を使って、金銭的リターンと社会的リターンの双方を生み出すことが可能な規律ある投資を行っている。これは、助成金ではなく、ローンまたは株式である。我々が受け取る金銭的リターンは、すべて新たな投資に再利用される。今後時間をかけて、我々はアキュメン・ファンドの投資モデルを洗練させ、四大陸にオフィスを持つ世界的水準のグローバル・チームを作り上げ、さらに低所得者層に資する成長ビジネスの成功・失敗要因を学んでいくだろう。

出所：Acumen Fund, "About Us" (http://www.acumenfund.org, accessed 2012.8.12).

社会的インパクト投資ファンドは、過去十数年の間に、その数、規模、多様性を大幅に拡大させてきた。

しかし、戦略、形態、関心領域、狙いとする市場ニッチが何であれ、社会的投資仲介機関は過去一〇年ほどの間に、その数、規模、多様性を大幅に拡大させてきた。これを示す指標の一つが、グローバル・インパクト投資ネットワーク（Global Impact Investing Network：GIIN）がウェブ上に構築したインパクト・ベースというデータベースで、ここには一九〇ファンドが登録されている。グローバル・インパクト投資ネットワークは、ロックフェラー財団とそのパートナー団体が結成した社会的インパクト投資家のネットワークで、登録済みの一九〇ファンドのほかに、七三〇名の認定投資家が会員資格を持っている。(10)

前述した通り、リサ・リヒターの推計によると、より一般的に国際社会全体でみた場合、社会的投資仲介機関数は三〇〇〇、その運用資金額は三〇〇〇億ドルに達しているようだ。(11)運用ファンドの成長率はさらに劇的である。クリーン・エネルギーへのグローバル投資は二〇〇四年の三六〇億ドルから二〇〇八年の一五五〇億ドルへと成長を遂げ、金融危機にもかかわらず二〇〇九年末時点で一四五〇億ドルの規模を維持している[12]。リヒターによれば、二〇〇四〜二〇〇八年の間に米国コミュニティ開発金融機関の投資は複利年率一〇%で成長しており、グローバル・マイクロファイナンス投資は毎年二〇%、グローバル・クリーン・テクノロジー投資は毎年三〇〜四〇%の伸びをみせている。

しかも、この流れは弱まっていない。J・P・モルガン・ソーシャル・ファイナンスが二〇〇九年にまとめた影響力ある報告書の推計によると、今後一〇年間の社会的インパクト投資に対するグローバル需要は、わずか五分野（住居、農村部の水供給、母体の健康、基礎教育、金融サービス）だけで四〇〇六億ドルから一兆ドル近くに及ぶということだ[13]。

社会的投資仲介機関は、高いパフォーマンス・ベンチマークを誇る株式インデックスや債券インデックスと同程度のリターン・レートを社会的インパクト投資において達成し、今後も達成する見込みである。

さらに、現在入手可能な社会的インパクト投資に関するパフォーマンス・データが示しているのは、投資家もこの需要に応えるインセンティブがあるだろうという点である。たとえば、コミュニティ開発金融機関データ・プロジェクトとマイクロファイナンス・インフォメーション・エクスチェンジのデータを利用したリヒターの調査報告によると、二〇〇〇年から二〇〇八年の間の米国コミュニティ開発金融機関の純損失率は一％以下で、二〇〇九年末には一時的に一・七八％に上昇したが、その際にもコミュニティ開発金融機関以外の連邦政府保証による通常の米国銀行の住宅ローン貸し倒れ率二・四九％を下回っていた。同様に、マイクロファイナンス機関も純貸出損失レートは一％以下である。より一般的にみても、入手可能な証拠が示している通り、社会的投資仲介機関の社会的インパクト投資は、S&P500、ラッセル2000グロース、PIMCOトータル・リターン、J・P・モルガン新興市場ボンドなどの高いパフォーマンス・ベンチマークを誇る株式・債券インデックスと同程度のリターン率を株式・債券双方で達成してきたし、今後も達成する見込みである。(14)

社会目的分野に流通市場事業者が登場した。

流通市場

社会的投資仲介機関は、フィランソロピーのニューフロンティアに登場した金融アクターの重要なグループだが、決して彼らが唯一のアクターではない。第二のグループは、**流通市場**である。これは、社会的投資仲介機関が、追加ローンを行うことができるよう、社会的投資仲介機関の発行済ローンを購入し、これを通じて資本を社会的投資仲介機関が利用できるよう再編してくれる機関である。このために、流通市場の諸機関はローンをパッケージ化してまとめる「証券化」という手法を使い、これを抵当にして資本市場で債券を発行する。(15)

流通市場は、通常の資本市場でも、特に住宅分野を中心に長い間機能してきた。アメリカの資本市場に精通している読者であれば、これは「ファニー・メイ」という愛称で知られる連邦住宅抵当公庫が果たしてきた役割と同じだということに気づくだろう。ファニー・メイは、もともと市中銀行や貯蓄貸付組合が発行する連邦政府保証付き住宅抵当権を購入するために設立された公社である。

しかし、社会的インパクト投資分野では、この機能は、一九八〇年代後半に設立された米国コミュニティ再投資基金（Community Reinvestment Fund：CRF）が低所得者向け住居とコミュニティ開発分野におけるマーケットの成長を支援しはじめるまで発展しなかった。デビッド・エリクソンが詳しく述べているように、米国コミュニティ再投資基金は、当初、コミュニティ開発債を私募債の形で発行することによって資金調達しなければならなかったのである。(16) しかし、最終的には二〇〇四年に、米国コミュニティ再投資基金は、準公的格付機関の一つであるスタンダード&プアーズが「格付け」した債券（用語解説参照）を発行することができるようになった。これにより、米国コミュニティ再投資基金は、今まで非格付証券への投資禁止ガイドラインのために投資できなかった八つの機関投資家から、新たに投資を受けることができるようになったのである。現在までに、米国コミュニティ再投資基金は、全米五〇州中四六州にある一五〇以上の貸付機関から一四億ドル以上のコミュニティ開発ローンを購入している。(17)

米国コミュニティ再投資基金は、社会的インパクト投資市場への新たな資金注入において、証券化と流通市場が持つ威力を示した。これが刺激となって、それ以外の社会的インパクト分野においても新たな流通市場機関が台頭するようになった。こうした機関の中には、米国コミュニティ再投資基金と同じように流通市場取引を唯一の機能とする機関もあるが、流通市場事業を活発なローン組成事業の派生事業として実施している機関もある。たとえば、ハビタット・フォー・ヒューマニティ・インターナショナル（Habitat for Humanity International：HFHI，以下、ハビタット）の事例がこれにあたる。ハビタットは著名な国際NPOで、ボランティアを活用して低所得家族が自分たちで住宅を建設するのを支援している。ハビタットの系列団体は、建設支援の際、新規住宅所有者が資材・設備コストを賄うための住宅ローン貸付事業を行っており、その残高は一四億ドルに上っている。系列団体が建設事業を継続できるよう、ハビタットはフレックス・キャップ・プログラムという流通市場事業を開発した。これは、ハビタットが抵当担保に裏づけられた七年から一〇年物の手形を投資家に売却し、これで得た資金を使って系列団体からローンの一部を買い取るという仕組みである。次いで、ハビタットは、住宅所有者からの元本と利子の支払いでこれらの手形を返済する。このプログラムは返済率一〇〇％を誇っており、プログラムを通じてハビタットは一億七〇〇〇万ドルの資金を調達することができた。[18]

これだけが流通市場の事例ではない。一九八九年に設立されたカトリック教会系機関向けのコミュニティ開発金融機関、パートナーズ・フォー・コモン・グッド（Partners for Common Good：PCG）は、近年、二五三〇万ドルを調達して系列団体から住宅抵当権を購入した。スイスのマイクロファイナンス投資ファンドのブルー・オーチャドは、二億ドル近い資金を調達して全世界二一のマイクロファイナンス投資組織からマイクロファイナンス・ローンを購入した。バングラデシュの大規模な非営利開発組織、バングラデシュ農業推進委員会（Bangladesh Rural Advancement Committee：BRAC）も、最近同じように一億八〇〇〇万ドルの資金を調達して系列団体のマイクロファイナンス・ローンを購入した(19)。

社会的証券取引所は、フィランソロピーのニューフロンティアに形成されつつある第三のグループである。

社会的証券取引所

フィランソロピーのニューフロンティアに形成されつつある第三のグループは、証券取引のコンセプトを社会・環境面でのインパクト投資分野に導入しようとする社会的証券取引所である。彼らは、社会的インパクト投資家と資金を求めるソーシャル・ベンチャーとを結ぶ、より効率的な方法を提供してくれる。社会的投資仲介機関や流通市場事業者が、社会的インパクトやリスク・リターン面での選好を共有する投資家を苦労して探し出し、彼らに自分たちの投資商品を売り込まなければならないのに対し、社会的証券取引所は、単に、投資家が関心のある社会的投資先を見つけ出せるプラットフォームを提供するだけである。さらに、社会的証券取引所は、投資家が望む時にはいつでも、何の問題もなく投資を引き上げることを保証する。もちろん、これが可能となるためには、ドゥリーン・シャナーズ、ロバート・クレイビル、レスター・M・サラモンが論じているように、社会的証券取引所に、上場規則、上場企業の情報開示基準、さらに、正確かつ効率的で不正防止の徹底された取引メカニズムが設定されていなければならない(20)。

社会的インパクト分野でこのメカニズムを利用した最も初期の試みの一つが環境分野である。二〇〇三年に、当時、導入が求められていた「炭素排出クレジット」の「キャップ・アンド・トレード」システムを見越してシカゴ気候取引所が設立された。これは、安価に排出量削減を達成できた会社が交換クレジットを確保し、この取引所経由で、はるかに高いコストでしか排出量削減ができなかった会社にクレジットを売却することを可能にするメカニズムである。

シカゴ気候取引所は、二〇一〇年にアメリカ議会がキャップ・アンド・トレードの法制化に失敗したため撤退を余儀なくされたが、二〇〇五年に発効した京都議定書のおかげで、(議定書に調印しなかった)アメリカ以外の国の排出権取引は、シカゴ気候取引所の取引高よりもはるかに拡大することになった。こうして、世界最大規模の欧州気候取引所では、二酸化炭素取引量が二〇〇五年の九四〇〇万トン相当から二〇一〇年には五三億トン相当へと拡大した。しかも、これは世界各地で運営されている一〇の取引所のうちの一つでしかないのである。世界銀行によると、二〇一〇年時点で炭素排出権取引は総額一四二〇億ドルを維持している。ただし、世界経済の減速とヨーロッパでのフリー・クレジット過剰供給のために、少なくとも一時的には取引が後退している(21)。

気候分野以外での最初の社会的投資「取引所」は、二〇〇三年のＢＶＳＡ（Bolsa de Valorous Socioambientais）すなわちブラジル社会・環境投資証券取引所の創設である。ただし、これは実際の投資ビークル（訳注：Vehicle. 投資にあたり、複数の金融機関や投資家からの資金を調達するために設立されるメカニズムのこと。様々な法人格を取りうるが本書では、複数の財団や寄付者が共同で助成を行う際に設立するメカニズムもビークルに含めている）というよりオンライン寄付プラットフォームに近いものだった。ＢＶＳＡは、国連ミレニアム開発目標に沿って案件を審査したが、これらの案件に「投資」した寄付者に与えられたのは社会的リターンの権利のみで、金銭的リターンの権利は与えられなかったのである[22]。

現在は、より野心的で組織化された私募債市場も登場している。アメリカのミッション・マーケット、シンガポールのインパクト・パートナーズ、インドのアルタなどである。さらに野心的なのは、世界各地で操業開始に近づきつつあるいくつかの本格的な社会的証券取引所である。イギリスのソーシャル・ストック・エクスチェンジ（Social Stock Exchange：SSE）有限会社、モーリシャスのインパクト・エクスチェンジ（Impact Exchange：iX）、シンガポールのインパクト・インベストメント・エクスチェンジ（Impact Investment Exchange：IIX）などである。現時点で最も十全な発展を遂げているのはモーリシャスのｉＸだろう。彼らは、モーリシャス証券取引所（Stock Exchange of Mauritius：SEM）から、ＳＥＭの枠内ではあるがこれとは別の委員会の下で、社会・環境目的企業や社会的投資仲介機関の上場・取引規則に関する正式な認可をすでに受けている。さらに、モーリシャスのｉＸは、二〇一三年末までにｉＸを成功裏に立ち上げることができるよう、シンガポールのＩＩＸと共にＳＥＭに働きかけている。

公共部門も専門の社会的インパクト投資プログラム創設に向けた取り組みに参加している。

準公的投資ファンド

公共部門も専門の社会的インパクト資本投資プログラムや機関の創設に向けた取り組みに参加している。この中で際立っているのは、世界銀行や米州開発銀行などのいくつかの多国間開発銀行の参入である。前述した社会的投資仲介機関とは異なり、これらの機関は基本的に**公共部門**の資金を社会的インパクト目的のためにプールするという形を取っている。

たとえば、国際金融公社（the International Finance Corporation：IFC）は、開発途上国における民間ビジネス促進のために設立された世界銀行の系列機関だが、最近、そのポートフォリオに社会的インパクト投資イニシアチブを加えた。一例として、国際金融公社は、劣悪な公立学校制度を低コストの私立学校で補完するため、開発途上国の六三の私立学校プロジェクトに対し、四億八一〇〇万ドルを投じた。この資金から、たとえばケニアでは、二三の私立学校が平均三〇万ドルのローンを受け取っており、さらにこれ以外に一一三校がアドバイス支援を受けている。(23)

同様に、米州開発銀行は多数国間投資基金（Multilateral Investment Fund：MIF）を設立し、これを通じて社会的インパクト投資分野に積極的に参入している。近年の投資例としては、メキシコＩＧＮＩＡファンドに対する二五〇〇万ドルのローンと五〇〇万ドルのエクイティ・ファイナンスが挙げられる。ＩＧＮＩＡファンドは、ボトム・オブ・ピラミッドの中小企業向け投資のために総額一億二〇〇万ドルをレバレッジするのを支援している。(24)

多国間開発銀行だけが、社会的インパクト投資機関を展開している公共部門という訳ではない。社会的インパクト投資活動への公的資金や準公的資金の投入では、特に英国政府が積極的で独創的である。事例としては、英国宝くじの収益をＮＥＳＴＡという「ソーシャル・イノベーション財団」設立に充当したり、長期休眠預金口座からの収入を活用してビッグ・ソサエティ・キャピタルという大規模で準公的な社会的投資仲介機関を設立したりするなどの取り組みがある。なお、ビッグ・ソサエティ・キャピタルは、最終的に四億ポンド（約六億ドル）近い資産規模になる見込みである。(25)

「フィランソロピー銀行」としての財団

最後に、多くの助成財団が、今まで主要あるいは唯一の資金支援形態として助成事業に頼ってきた状況を克服し、仮想的「フィランソロピー銀行」あるいは社会的投資仲介機関として機能しはじめている。この中には、単に、通常の基本財産の運用先決定において、社会・環境・企業統治（ＥＳＧ）審査基準の適用割合を高めただけの財団もあるが、多くの財団は、ＥＳＧ審査基準と、より積極的な

多くの助成財団が、基本財産の運用投資を活用し、伝統的な助成金ツールを乗り越えることで、仮想的「フィランソロピー銀行」として機能しはじめている。

社会的インパクト投資マーケットへの関与とを組み合わせている。[26] 後者の財団は、支援ツールを助成に依存するという伝統的な財団のあり方を超えて、ローン、ローン保証、株式投資（用語解説参照）、債券、債券保証などの多様な金融手法を活用している。しかも、彼らは、助成事業予算だけでなく基本財産の運用投資も活用することで、「投資」と「助成」という二つの主要「事業」を分離しておくという財団の長い伝統に異議を申し立てている。歴史を振り返れば、財団は、「投資事業」として、財団の慈善活動を支援するために投資運用収入の最大化に責任を持って専念し、「助成事業」として、この投資運用収入の一定部分を慈善目的の助成金として使用することに専念する形で、二つの事業を分離することが期待されてきたのである。[27]

KLフェリシタス財団、バブコック財団、ワラス・グローバル基金、アメリカ教育財団などの中規模財団から、アニー・E・キャセイ財団、ケロッグ財団、クレスゲ財団、ロバート・ウッド・ジョンソン財団などアメリカ最大規模の財団まで、多岐にわたる財団がこの方向に進み始めている。レスター・M・サラモンとウィリアム・ブーカートが詳述しているように、ドット・コム企業家のチャーリー・クライスナーとリサ夫人が設立したKLフェリシタス財団は、基本財産の七八％を社会的インパクト投資に充てている[28]。この分野の先駆者であるニューヨークのH・B・ヘロン財団も四二％を充てている。これはアメリカだけの現象ではない。イギリスのエスメ・フェアバーン財団とイタリアのCRT財団もこの流れに加わっている。なお、後者については、イタリアの法律が営利企業支援のレバレッジ手法に財団資産を使用することを制限しているため、規制回避のために、別途、開発・成長財団という子財団を設立している[29]。

もちろん、こうした奇抜なファイナンス方式を使った財団の実験的試みは決して新しいものではない。すでに一九六九年の時点で、財団の「ペイアウト」義務を制度化した税制改革にあわせて、財団が「プログラム関連投資（Program-related Investments：PRIs）」（用語解説参照）を通じて資金支援手法を拡張する扉も開かれていたのである。しかし、プログラム関連投資は、財団の五％の助成事業予算の一環として支出されるある種の助成金だとしか理解されなかった。さらに、この支援手法に課された運営上の制限や財団の資産運用における保守主義も根強かったため、プログラム関連投資を行っている財団の数は限定的で、二〇〇四年に全米七五〇〇財団中一三三財団に達したのをピークにこれ以降は減少し、金融メルトダウン前年の二〇〇七年には一二〇財団に戻っている。付け加えれば、プログラム関連投資を行っている財団は一般にかなり大規模だが、プログラム関連投資に充てられた財団資産の割合が一％を超えたことは一度もなかった[30]。

「フィランソロピー銀行としての財団」（用語解説参照）という新たな取り組みは、プログラム関連投資のコンセプトを次の段階に引き上げることで、この領域に今までとは異なる想像力をもたらそうとしている。それは、財団事務局の事業担当と運用投資担当の間に横たわる「万里の長城」の打破や、多岐にわたる資金支援手法の活用を目指す。さらにそれは、自分たちのファンドを触媒として民間投資資本を社会目的活動に呼び込むことで、意識的に投資レバレッジの拡大を目指すのである。

近年、様々な種類のサービス提供者が登場し、社会的投資仲介機関を支援している。

2　社会的インパクト投資支援機関

この新しい社会的インパクト資本市場に登場した社会的投資仲介機関、流通市場、フィランソロピー銀行としての財団、準公的投資ファンドなどのアクターを支援するため、近年、各種のサービス提供事業者も登場している。この中でも特に三つの団体類型が注目に値する。それは、社会的投資ブローカー、持続可能なキャパシティ・ビルディング支援組織、そして新たなインフラストラクチャー組織である。

社会的投資ブローカー

社会的インパクト金融機関を支援する団体の中で最も重要なものの一つが、いわゆる「社会的投資ブローカー」である。社会的投資ブローカーとは、社会的投資仲介機関が財務的・社会的リターン双方を提供できる有望ベンチャー企業を見つけ出したり、逆にこれらベンチャー企業が自分たちの活動とニーズに事業・財務両面で関心を持つ投資家を見つけ出したりするのを支援するという仲介機能を担う個人または機関である。

リサ・ハガマンとデビッド・ウッドが説明しているように、社会的インパクト投資市場には需要・供給両面でかなりの取引コストが存在するため、この機能が必要となった。取引コストが高い理由は、投資家も社会起業家も、非常に断片化された社会的インパクト投資空間の中からそれぞれの活動分野、資金需要形態、リスク・リターン選好に合致したパートナーを探し出さなければならないためである(31)。社会的インパクト領域におけるリスク評価が特別な困難を抱えていることの影響もあるだろう。ボトム・オブ・ピラミッドでは、消費者の市場行動がまだ十分に分析されておらず、マーケティングする社会起業家も比較的経験に乏しいため、新製品が抱える不確実性が高いのである。

キャパシティ・ビルディング支援組織

ソーシャル・ベンチャーや社会的インパクト投資の成長に伴って新たに拡大してきたもう一つの機能は、ソーシャル・ベンチャーのキャパシティ・ビルディング支援組織である。前述したように、キャパシティ・ビルディング支援組織と技術支援提供団体は、何十年もの間、非営利組織や社会目的組織向けに活動してきた。実際、アメリカの非営利キャパシティ・ビルディング支援組織は、非営利経営連合という自前のインフラストラクチャー組織を持っているし、理事会運営へのアドバイス提供を行うボード・ソースという専門組織や「効果的組織を目指す助成団体の会（Grantmakers for Effective Organizations：GEO）」として知られる活発な財団支援グループなども存在している。

持続可能性確保と規模拡大に焦点を当てた新たなキャパシティ・ビルディング支援組織が登場した。

しかし、多くの場合、これら既存の組織やコンサルタントが焦点を当ててきたのは、資金調達、特別イベント、理事会強化、会計システム、人材育成などの標準的な組織経営トピックだった。「新たなキャパシティ・ビルディング支援組織」の特徴は、これとは異なる分野に焦点を当てている点にある。彼らの目的は、組織の**持続可能性とスケールアップ**である。彼らは、**事業収入戦略**の開発、新たに利用可能となった非助成金型資本の調達、社会的成果の測定などの領域で組織支援を行う。(32)

これら新たなキャパシティ・ビルディング支援組織は大きく二つのグループに分かれているが、両グループ間には幅広い相互交流がある。一つのグループは、「ベンチャー・フィランソロピー」で、財団が支援先の経営・事業運営の改善面でより積極的な役割を果たすことで、ベンチャー・キャピタリストのように活動するよう主張して高い評価を得た一九九七年の『ハーバード・ビジネス・レビュー』の記事に触発されて登場した[33]。ベンチャー・フィランソロピーとは、資金支援と、集中的かつ「高度な関与」を伴う技術支援や組織開発とを結合して提供する手法である。支援団体は、これらの支援を直接行ったり、外部コンサルタントを雇って間接的に提供したりする。こうした組織の中には、エドナ・マコーネル・クラーク財団のような伝統的な財団もある。クラーク財団は、低所得階層出身の若者の自立支援というミッション追求を決定したが、その際、限られた少数の有望組織のみを選んで巨額の助成金を出し、さらに助成先に大幅なキャパシティ・ビルディング支援を行うことで、これら組織の長期的な持続可能性を確保するという戦略を採用したのである[34]（コラム4参照）。

通常のパブリック・チャリティ団体でも、別の手法で調達した資金を使って、同じようにキャパシティ・ビルディング支援と資金提供を結合したベンチャー支援を行っているものがある。これに含まれるのは、ニュー・プロフィット、ロバーツ・エンタープライズ・ディベロップメント・ファンド（Roberts Enterprise Developmen Fund：REDF）、ソーシャル・ベンチャー・パートナーズ（Social Venture Partners：SVP）、ベンチャー・フィランソロピー・パートナーズ（Venture Philanthropy Partners：VPP）などの組織である。たとえば、ニュー・プロフィットは、一九九八年に四七人で設立された会社で、個人・家族フィランソロピスト約五〇人から資金を調達し、将来性のあるソーシャル・ベンチャー二七団体に徹底的な技術支援と財政支援を行っている。この結果、全米で一四〇万人以上の人々が恩恵を受けている[35]。

持続可能なキャパシティ・ビルディング支援組織の第二のグループは、古典的コンサルタントである。彼らは、組織の持続可能性の促進を専門とするが、自らは財政支援を行わない。彼らの中には、ベンチャー・フィランソロピストに雇われて必要な技術支援を行うものもいれば、事業収入からの収益拡大を望む新興の社会的企業や伝統的な非営利組織に直接雇われるものもいる。例としては、営利

コラム4　エドナ・マコーネル・クラーク財団──我々の手法

我々は、切迫する若者問題を解決する上で効果的・効率的な手法は、プログラムの成果が実証済みでしかも成長の可能性を秘めた非営利組織を選別し、彼らに対して大規模で長期的な投資を行うことだ、という信念を持っている。我々の資金提供は、主として、事業計画策定、キャパシティ・ビルディング、プログラム評価などへの支援から構成される。これを通じて、我々は、助成先が、プログラムの質を維持しつつ規模を拡大し、より多くの若者の今後の人生にインパクトを与え、最終的には、組織・プログラム・財政面で持続可能となることを目指している。我々の目標は、実証済みのプログラムを通じて、毎年、新たに何千もの若者を支援していく組織のコミュニティを発展させていくことである。

出所："How We Work," Edna McConnell Clark Foundation (http://www.emcf.org/how-we-work, accessed 2013.5.11).

会社のベイン・コンサルティングが設立した社会目的専門コンサルティング会社のブリッジスパン・グループ、飢餓撲滅を目指す「力の分かち合い（Share Our Strength）」という組織の系列団体で組織の事業収入戦略の開発支援を重視するコミュニティ・ウェルス・ベンチャーズ、組織の財務経営を支援するノンプロフィット・ファイナンス・ファンドなどが挙げられる。

ベンチャー・フィランソロピーとソーシャル・ベンチャー基盤構築支援組織は、当初アメリカで生まれたが、それはさらに拡がりを見せている。たとえば、欧州ベンチャー・フィランソロピー協会は、一二七の個人・組織会員を擁している。会員に共通する五つの主要特徴は、投資資本があること、営利・非営利にかかわらず社会目的組織への長期的な資金提供に重点を置いていること、基本的に金銭的リターンよりも社会的リターンを追求していること、支援団体の「中核的な発展」のために積極的な役割を果たしていること、である(36)（欧州ベンチャー・フィランソロピー協会の会員が実践している「ベンチャー・フィランソロピー」の運営面での特質についてはコラム5を参照）。

台頭しつつあるソーシャル・ベンチャーと社会的インパクト投資スペースにおけるもう一つのキャパシティ・ビルディング・モデルに、ＩｍｐａｃｔＨｕｂがある。二〇〇五年にロンドンで設立されたＩｍｐａｃｔＨｕｂは、全世界に三一支部を持つ意欲的な社会起業家四〇〇〇人のネットワークである。メンバーは、経験、連絡先、アイデアなどを共有するために会合を開いたり、仕事場を共有して初期段階ベンチャーのアイデアを育んだりという活動を行っている。それぞれのＩｍｐａｃｔＨｕｂ支部は、自由に自分たちのキャパシティ・ビルディング手法を策定している。たとえば、Ｉｍ

コラム5　欧州ベンチャー・フィランソロピー協会の七つの主要特質

・高度の関与：社会的企業・非営利組織の経営陣とベンチャー・フィランソロピストとの間に、ハンズ・オン関係を形成。
・組織基盤の構築：個別のプロジェクト経費ではなく中核となる運営経費に資金を提供することで、支援対象組織の運営基盤を構築。
・複数年度支援：支援対象組織数を限定した上で三～五年間支援。支援対象組織が財政面や運営面で持続可能になれば支援を終了。
・非資金的支援：経営強化のための戦略計画策定など、付加価値の高いサービスを提供。
・ネットワーク参加支援：投資先団体が多様で相互補完的なスキルを活用できるよう、ネットワーク参加機会を提供。
・きめ細かい資金提供：支援先組織のニーズに即したきめ細かい資金提供メカニズムを活用。
・パフォーマンス測定：良質な事業計画、測定可能な成果、インパクト実現、財務上の説明責任と透明性などを重視。

出所：European Venture Philanthropy Association (http://www.evpa.eu.com).

pact Hubヨハネスブルグは Impact Hubビジネス・クリニックを運営し、社会起業家向けに月二回のスキル・セッションを行っている。Impact Hubベイ・エリアは、最近、Impact Hubベンチャーズというプログラムを組織的に立ち上げ、メンター制度、ワークショップ、およびこれ以外のテクニカル・アシスタンスを通じて、選ばれた事業家グループが自分たちのコンセプトを発展させるのを支援し、さらに、最も将来性の高いコンセプトを提案した起業家にシード資本として七万五〇〇〇ドルを授与している。[37]

社会的インパクト・インフラストラクチャー組織の実体的なネットワークも登場した。

インフラストラクチャー組織

前述のキャパシティ・ビルディング支援組織はすべて基本的に、社会的インパクト投資家、社会起業家、主流の非営利組織などを対象として新たな手法による個別レベルの支援を行っているが、さらに、よりマクロな全体レベルでこうした団体の支援を行うインフラストラクチャー組織の実体的なネットワークも登場している。これらネットワークはそれぞれの活動領域で決定的な役割を担っている。具体的には、アクターたちのネットワーク形成、この分野の一般への普及を通じた新規参入者や外部支援者の呼び込み、および実践の法制化・強化などである。

これらインフラストラクチャー組織の成長に最も肥沃な土地を提供しているのが社会的インパクト投資分野である。そこでは、様々な団体が登場して、この急成長分野の隅々に至るまで、事実上すべてのアクターにサービスを提供している。たとえば、一九八五年に設立されたオポチュニティ・ファイナンス・ネットワークは最初期の参入組織の一つとして、米国コミュニティ開発金融機関（US Community Development Finance Institutions：CDFIs）の「低所得、無資産、およびこれ以外の恵まれない状況に置かれた人々やコミュニティが、経済の主流に参画するのを援助」するというミッションを支えてきた。[38] 現在、米国コミュニティ開発金融機関のインフラストラクチャー組織としては、コミュニティ開発ベンチャー・キャピタル連合や全米コミュニティ開発信用組合連盟などもある。「サステナビリティ投資家」には、アスペン開発企業家ネットワーク（Aspen Network of Development Entrepreneurs：ANDE）があるし、ソーシャル・バンクは価値志向銀行グローバル連盟に参加している。同様に、「責任投資」推進者は社会的投資フォーラム（Social Investment Forum：SIF）に参加し、国連責任投資原則（UN Principles for Responsible Investment：UNPRI）を通じて、環境、社会、企業統治（Environment, Social, and Corporate Governance：ESG）の三つの責任基準の遵守を企業に求めている。[39] 貧困層支援コンサルティング・グループは、貧困層の金融サービス利用状況の改善を共通目標とする三三の開発支援組織のコンソーシアムである。[40] プログラム関連投資（Program-Related Investments：PRIs）を積極的に活用しているアメリカの財団担当者たちは、プログラム関連投資実践者ネットワークを組織して、経験共有、ベスト・プラクティス開発、他財団勧誘などを行っている。これとは別に、財団のミッション関連投資活動（例：基本資産運用の投資先選定基準の設定や戦略的な株主投票権行使など）の拡大に向けた関心が高まるに伴い、モー・フォー・ミッションと呼ばれる新たな組織も誕生した。これは、当初、ボストン・カレッジ内に本部を置いていた。現在、この二つの財団関係グループはミッション・インベスターズ・エクスチェンジとして一元化されている。[41]同様に、社会的インパクト投資や高関与型助成事業を行っている欧州財団もインフラストラクチャー組織の必要性を感じており、うち一三〇財団が以前に紹介した欧州ベンチャー・フィランソロピー協会に参加している。マイクロファイナンス投資家も、インフラストラクチャー組織の設立が自分たち独自のニーズに役立つことに気づき、マイクロファイナンス・インベストメント・エクスチェンジと国際マイクロファイナンス投資家協会（International Association of Microfinance Investors：IAMFI）が誕生した。

こうしたインフラストラクチャー組織の普及にもかかわらず、ロックフェラー財団が二〇〇七～二〇〇八年の間に開催した一連の重要会合に招かれた財団、開発援助機関、民間金融機関はこれに満足しなかった。彼らは、これらの多様だがばらばらの取り組みを共通の傘の下に一元化させ、一部の論者が「調整不在のイノベーション」[42]と名づけた状況を乗り越えて前進していくためには、より広範な分野構築努力が求められるという結論に達した。この結果、グローバル・インパクト投資ネットワーク（Global Impact Investing Network：GIIN）と呼ばれるインフラストラクチャー組織が二〇〇九年に新設された。設立には、ロックフェラー財団、J・P・モルガン、米国国際開発庁がかなりの資金を提供した。グローバル・インパクト投資ネットワークに与えられた課題は、鍵となるインフラストラクチャーの構築、事業手法の改善、共通言語の確立、分野構築のための調査促進などを通じて、社会的インパクト投資インダストリーの発展を加速させるというものだった。このため、彼らは世界中の指導的インパクト投資家からなる「投資家協議会」の設立、社会的インパクト投資家が投資の社会的実績を測定するためのインパクト報告・投資基準（Impact Reporting and Investment Standards：IRIS）の新設、同一分野・地域で活動するファンド間の協働促進のための「インパクト・ベース」というインパクト投資ファンドのオンライン・データベースの設置、この分野の認知度向上・拡大促進のための多様なアウトリーチの実施などを行ってきた。アウトリーチへの取り組みには、社会的インパクト投資が、固有のスキル要件、組織構造、評価指標、同業者団体、教育提供などを持つ一つの「アセット・クラス」として確立することを目的とした調査も含まれていた(43)。

3　新たなタイプの助成団体

今まで述べてきたフィランソロピーのニューフロンティアの新たなアクターたちは、すべて、非助成金型の資金提供を使った社会的インパクト投資にかかわっていた。これとは別に、オンライン寄付・投資サイト、共同資金支援、企業設立寄付基金など、慈善活動の中でもそれほど謎めいてはいない方式を使って、想像力あふれる新手法を導入しようという団体もある。

オンライン寄付・投資サイトは、新たなコミュニケーション・テクノロジーを創造的に活用して、寄付者・投資家と支援対象組織を直接つなげようとしている。

オンライン寄付・投資サイト

この中で最も革新的な団体の一つが、新たなタイプの**オンライン寄付・投資サイト**である。彼らは新しいコミュニケーション・テクノロジーを創造的に活用して、以前には不可能だった迅速さで寄付者・投資家と支援対象となる非営利組織・ベンチャーをつなげようとしている。しかし、これらの団体は、事業の一環として送金、商品購入、ボランティア機会提供なども行っていた単なるインターネット・サービス・プロバイダーではない。むしろ、彼らは寄付者と受益者をつなぐ接点の役割を担う専門組織であり、通常、洗練されたデータベースやセキュリティ・システムなど有益なサービスを提供してくれる。さらに彼らは進化を遂げていて、少なくとも三つの異なる価値リソースを扱っている。すなわち、①短期の現金と長期の投資資本（用語解説参照）の双方を含む資金リソース、②コンピューターのハードやソフト、医薬品、食料品などの現物リソース、③有償・ボランティア双方を含む役務リソースである。(44)

フィランソロピーのニューフロンティアの多くの活動と同様に、オンライン寄付・投資サイトも急速にその数と規模を拡大させてきた。最新の情報では、慈善寄付を扱っているものだけで一七〇以上の団体がある。(45) この一例として、たとえばネットワーク・フォー・グッドは、二〇〇一年の設立から二〇一一年初頭までに、約六万団体に対して概算五億ドルの寄付を生み出した。Kivaは法人類型が異なるが、アメリカ、西ヨーロッパ、その他地域の社会的投資家から募った寄付を資金源にして、はるか遠くの僻地の小規模社会起業家がローンを利用できるようにした。Kivaは、二〇〇五年の設立から二〇一二年までの間に、八三万五〇〇〇人以上の個人から寄付を募り、およそ八八万五〇〇〇名の社会起業家に三億六〇〇〇万ドル以上のローンを提供したのである。社会起業家の八二％は女性で、ほぼ九九％の返済率を達成している。(46)

テクスープ・グローバルは、また別のポータル・サイトで、現金ではなくテクノロジーのハードやソフトを非営利組織に安価に提供している。二〇一〇年末までにテクスープ・グローバルは世界一三万三〇〇〇の組織に六六億ドル相当のテクノロジー製品を配布している。(47) ボランティア・マッチは、同様の機能をボランティア向けに果たしており、個人や企業ボランティア・プログラムのボランティア待機者と、彼らのボランティア・サービスを必要とする組織をつなげるため、大規模なマッチング活動を行っている。ボランティア・マッチの推計によると、仮にボランティア受入機関が彼らのボランティア配置支援に対して対価を支払ったとしたら、二〇一〇年だけで六億ドル相当以上の社会的価値が生み出されただろうということである。(48)

もちろん、これらのオンライン寄付・投資サイトは、まだ主流の寄付メカニズムに匹敵する規模には達していない。さらにいえば、慈善寄付の資金調達額を実質的に増加させたかという点でも疑問がある。にもかかわらず、この一群のアクターたちは活発で存在感を増しており、イノベーション志向の者たちの新規参入の流れを拡大している。この点で、彼らは伝統的な慈善寄付・ボランティア分野に新たな活力とスピードをもたらしているといえるだろう。こうした新規参入者の中には、社会変革に向けたアドボカシーを促進するCare2.com, 社会目的分野の人材採用情報を提供するIdealist.com, 医療機器を提供するAmericares.com, 学校教師への資金支援を提供するDonorsChooseなどがある。

もう一つの新たなアクターたちは、アメリカ最大の営利投資会社のいくつかが設立した巨大な寄付基金である。

企業設立寄付基金

営利の社会目的投資ファンドと並んで新たに登場したアクターが、フィデリティ・インベストメント、チャールズ・シュワッブ、バンガードなどアメリカ最大規模の営利投資会社が設立した巨大な寄付基金である。基金は、これら投資会社の顧客他の人々が寄付基金を運営できるよう設立された。アメリカだけで、このような企業設立寄付基金が三二あり、資産総額は一二〇億ドルに上っており、その大半は八万八〇〇〇口座に上る「ドナー・アドバイズド・ファンド」（用語解説参照）の形態を取っている。ドナー・アドバイズド・ファンドとは、ミニ財団ともいうべき寄付資金プールで、寄付者はファンド設立時に寄付全額分の税控除を受けることができ、その後は生涯にわたってファンドから寄付を行うことができる[49]。

こうしたファンドが最初に設立されたのはごく最近の一九九一年にすぎないが、その後の二一年間で、約一〇〇年の歴史を持つアメリカ最大規模のコミュニティ財団が運営するドナー・アドバイズド・ファンドの規模を凌駕してしまった。これらの団体は、親会社とのサービス契約を通じて管理業務と投資機能を簡素化することで、コミュニティ財団だけでなく助成財団全般の持続的成長に対する潜在的脅威となっている。すでに現時点で、わずか三二しかない企業設立寄付基金が、全米六〇〇以上の全コミュニティ財団ネットワークが今まで実質的に独占運用してきたドナー・アドバイズド・ファンドの総額にほぼ匹敵する規模の資産を運用しているのである[50]。より一般的にみた場合、彼らはこれを通じて、慈善事業における情報マネジメント技術の広範な導入と投資マネジメント手法のさらなる洗練を進展させることに寄与したといえるだろう[51]。彼らはまだ助成事業に重点を置いているものの、さらに社会的投資分野に浸透しつつある幅広い投資手法も試みはじめている。

転換財団

フィランソロピーのニューフロンティアに登場した慈善団体のもう一つの類型は「転換財団」と言われるものである。古典的な独立財団は、通常、個人企業家が蓄えた富を基礎に設立されるが、転換財団は、公的資産や準公的資産の民営化プロセスから設立される。私は、このプロセスを「民営化を通じたフィランソロピー化（Philanthropication thru. Privatization：PtP）」と命名した。民営化の対象となる資産は、公営企業、政府が保有する建物やその他不動産、政府統制下にある特別収入源（公営宝くじや鉱山権売却など）、デット・スワップ、準公共組織の非営利から営利への転換などである。(52)

国有資産や政府統制資産の民営化プロセスから、「転換財団」という慈善団体のもう一つの類型が登場した。

この財団類型の登場は、新自由主義に基づく公共機関や準公共機関の民営化推進過程の中に主な軌跡を見出すことができる。民営化から生まれる収益は、政府予算や、時に幸運な場合には政治家のふところに入るのが通例である。しかし、民営化の収益が既存の財団や新たに設立された財団に繰り入れられ、財団資産のすべてまたは一部を形成しているという事例が多数存在することがわかってきた。この初期の事例の一つが、ナチス党が設立した国有フォルクスワーゲン社の、第二次世界大戦後における民営化過程で設立されたフォルクスワーゲン財団である。この結果一九六〇年に誕生した財団は、ヨーロッパの代表的な財団の一つとなり、三五億ドルの資産を保有してドイツの科学振興を担っている。この過程でフォルクスワーゲン財団は、ドイツの他の民営化措置のモデルやひな形の役割を果たしてきた。(53)

しかし、フォルクスワーゲンの事例は決して孤立したものではない。民営化収益の活用というこの代替手法は、今まで認識されていたよりもはるかに頻繁に行われており、重要な寄付基金を生み出している。その中のいくつかは極めて巨額である。実際、こうした「転換財団」の事例は世界中で五〇〇以上も確認されており、その資産総額は少なくとも一三五〇億ドルに上っている。資産形成の各類型として、以下のような具体的事例が確認されている。(54) たとえば、ミラノの有名なオペラ劇場ラ・スカラは、政府保有施設を転換して、その運営と追加支援確保のために財団を設立した事例である。ベルギーのボードワン国王財団は、国営宝くじ収入に支えられた財団の事例を提供してくれる。債務国が現地通貨建てで債務相当額の寄付基金を設立するのと引き替えに、債権国が外貨建て海外債務を免除するというデット・スワップ手法も、ラテンアメリカ諸国で行われてきた。ポーランド・ドイツ協力財団の事例もこれに該当する。さらに、アメリカの多くの非営利病院や非営利健康保険、またイタリア、オーストラリア、ニュージーランドの非営利銀行や協同組合銀行などでは、非営利組織から営利組織に移行する際、非営利組織の保有資産の全額または一部を慈善財団に寄付するという手法も行われている。(55)

この「民営化を通じたフィランソロピー化」手法は、それ自体として重要であるのみならず、多くの低開発諸国に実現可能な財団設立への道筋を提示している。

この事象は、それ自体が重要であるだけでなく、多くの低開発諸国に実現可能な大規模寄付基金設立への道筋を提示している。低開発諸国では十分な規模を持った財団を設立するだけの民間資金が不足しているが、政府は一定規模の企業や資産価値がある鉱山を保有している。この売却利益の一部を充当すれば、地元住民の健康と福祉に資する財団型のフィランソロピー基金を設立することができるのである。

フィランソロピーのニューフロンティアにおけるもう一つの興味深い発展は、共同資金支援の普及である。

共同資金支援

フィランソロピーのニューフロンティアにおけるもう一つの興味深い発展は、共同資金支援の普及である。これは、個人や機関が共同で助成事業や社会的投資を行うビークルを提供するというものである。共同資金支援は、参加者の類型（たとえば、個人、組織等）、共同で募集・配分する資金の類型（たとえば、助成金、ローン、株式投資等）、支援先の類型（たとえば、個人、非営利組織、社会起業家、その他組織等）などの点で互いに大きく異なるが、知識と資金のプール、集団的運営、これによるコスト削減とインパクト最大化などのアイデア面では共通している。彼らはまた、共通目標を達成するために、志を共にする個人や組織を結集するという重要な社会的機能も果たしている。

「ギビング・サークル」は、このような共同資金支援の最も一般的な類型の一つである。これは、自分たちの寄付資金の一定割合をプールし、助成・ボランティア支援の対象となる団体を共同で決定しようというグループである。アメリカでは少なくとも五〇〇のギビング・サークルが報告されているが、おそらくこの数字はサークル数を過小評価している(56)。ギビング・サークルは、一般的な目的を志向する場合もあれば、「アイデンティティ」や「ダイバーシティ」に着目する場合もある。ギビング・サークルには、慈善という重要な役割に加えて、一定の地理的範囲内でフィランソロピー志向を持つ諸個人を結集し、彼らの間に深い社会的きずなを構築するという社会的役割もある。

現在、発展中の社会的インパクト投資分野でも、同様のグループ形成が始まっている。この一つ、TONIICと呼ばれる団体は、四二人のインパクト投資家からなるグローバルな会員制コミュニティを設立し、一億ドルを世界中の社会的企業に投じようとしている。このネットワークは、有望ベンチャー情報の共有、デューディリジェンスの共同実施、有望ベンチャーに対する調整型共同投資の勧奨などを行っている(57)。

こうした協働型の寄付・投資熱は個人だけではなく、大規模な問題に取り組む際の共同行動の必要性を認識した諸組織にも拡がりを見せている。この最も初期の事例の一つが、現在リビング・シティズとして知られている枠組みである。リビング・シティズは、アメリカ諸都市がこれ以上荒廃するのを食い止めようと決意した六財団の協働から生み出された。設立から二〇年以上が経過し、この共同資金支援は、現在、二二の財団・金融機関からなるネットワークへと開花し、アメリカ二二都市の都市再開発プロジェクトにおよそ一〇億ドルの投資を集団的に行っている[58]。共同資金支援のもう一つの例はインベスターズ・サークルである。これは、エンジェル投資家、財団、ファミリー・ファンドからなるネットワークとして二〇年以上の実績を持ち、環境、教育、保健医療、コミュニティなどの改善の分野で活動する約二五〇のソーシャル・ベンチャーやファンドに一億五二〇〇万ドルの投資を行っている[59]。

4　豊穣の亜大陸――要約

要約すれば、フィランソロピーのニューフロンティアでは「ビッグ・バン」ともいうべき大爆発が起き、新たなアクターたちが解き放たれた。彼らは、積年の問題に対する新たなソリューションの追求に才能とエネルギーを傾け、自分たちの取り組みに対する新たな資金源を追求している。新たなアクターの中には、社会的投資マーケット発展という供給面での鉱脈を掘り進んでいる者もいれば、資金源となる投資家や金融機関に様々な支援サービスを提供している者もいる。さらに、助成金を基礎とした伝統的フィランソロピーに、新たなテクノロジーや手法を適用している者もいる。形態はともかく、この結果、イエス・キリスト、ムハンマド、マイモニデスの時代以来とはいわないまでも、少なくともアンドリュー・カーネギーやジョン・D・ロックフェラーの時代とほぼ同じインパクトを持ったエネルギーとイノベーションの噴出がフィランソロピー空間にもたらされているのである。

第3章　フィランソロピーのニューフロンティア探索Ⅱ
——新たなツール

もちろん、こうした新たなアクターたちの爆発的増加は何もないところから生じた訳ではない。むしろ、社会・環境目的追求に使用するツールのすさまじい拡散に伴って生じたのであり、ある意味ではこれに刺激を受けたともいえるだろう。アクターとツールの発展は、手を携えて進行している。革命は、広義の「フィランソロピー空間」で活動する機関の形態面のみならず、これら機関がフィランソロピー目的のために利用しているツール面でも進行しているのである。これらツールは、資金・非資金双方の新たな支援手法を多様化させることで伝統的な助成金や慈善寄付を補完している。

現在、驚くほど多様な新手法が社会目的分野で使われており、その多くは初めての試みである。

もちろん、今までみてきた通り、この「新たな」ツールの多くは、世間的に見れば目新しい訳ではない。むしろ、ローン、株式投資（用語解説参照）、債券（用語解説参照）、証券化（用語解説参照）など、ツールの多くは、長い間、ビジネス・ファイナンスの世界の正統な手法だったし、政府での使用も増加しつつある。(1) 目新しいのは、これがフィランソロピーや社会的投資の世界に採用された点である。

新たな領域でこれらのツールが魅力を増してきた理由は、その「レバレッジ」能力、すなわち社会目的領域に追加資金をもたらす点にある。特に銀行、投資機関、年金基金、保険会社、富裕層などが扱う大規模資金をもたらす点が大きい。たとえば、財団や個人の助成金や寄付は、通常、これと等価の社会的価値しか生み出さない。しかし、財団や個人が、同じ資金を市中銀行や年金基金のローン保証に使えば、はるかに多くの資金をレバレッジすることができるのである。

世間的にみれば社会目的活動に導入されつつある新たなツールの多くは目新しくないが、フィランソロピーのニューフロンティア領域では、これらのツールを使う際、様々な調整や修正が必要となる。また、ツールの多くは非常に革新的だが、まだ完全な正当性も理解も得ていない。リスク回避志向の民間投資家を惹きつけ、社会目的組織にも利用できる水準の低金利に抑えておくため、ローンには多様な「信用補完」(用語解説参照) が必要である。非営利組織に法律上課されている利益分配禁止を避けるため、株式投資にも修正が必要である。面倒な「格付け」条項を迂回して、将来性のあるソーシャル・ベンチャーへの長期の忍耐強い資本の流入を確保するためには、新たなタイプの債券を工夫する必要もある。

進化の途上にあるこれら新ツールの形態の詳細は、本書の姉妹書 (付録B参照) の各章に委ねるが、本章では主要ツールの中心的な特徴をいくつか簡単に概観しておきたい。前章と同じく、ローンや株式などの比較的新しい**金融投資**ツールと、クラウドソーシングや社会的責任投資・購入などの手法を新たな形で利用する**非金融**ツールとを区別することにしたい。

1 社会的インパクト投資ツール

間違いなく、ローンは最も一般的な社会的インパクト投資ツールである。

ローン

金融投資手法に関する議論の出発点としては、ローン、あるいは債務(用語解説参照)、そしてこれに近い「信用補完」などのツールが有益だろう。間違いなく、ローンは最も一般的な社会的インパクト投資ツールである。アメリカの財団は、一九六九年税制改革法により「プログラム関連投資」(用語解説参照)の実施とこの投資の「ペイアウト要件」への繰り入れが可能となったが、その際、米国議会が念頭に置いていたのはローンだった。驚くまでもなく、ローンは今でもプログラム関連投資の主要形態であり続けている。入手可能な最も最近のデータとして二〇〇六〜二〇〇七年のプログラム関連投資をみた場合、投資件数の約八〇%、投資総額の八五%以上がローンとなっている。(2) サラ・コッホとマーク・クレイマーによると、プログラム関連投資からより一般的な「ミッション投資」へと視

表3－1　社会的インパクト投資のアセット・クラス

手法類型	件　数	%	金　額（百万米国ドル）	%
私募債	1,345	61	2,296	52
二者間融資契約	152	7	191	4
保証金	106	5	70	2
信用保証	10	0	73	2
疑似株式型債務	48	2	78	2
公募債	1	0	2	0
*債務　小計	1,662	75	2,710	62
未公開株式	548	25	1,655	38
公開株式	2	0	10	0
*株式　小計	550	25	1,665	38
実物資産（報告ベース）	1	0	2	0
合　計	2,213	100	4,377	100

注：債務と株式の小計は，それぞれ各列の合計値である。
出所：Jasmin Saltuk, Amit Bouri, and Giselle Leung, *Insight into the Impact Investment Market: An In-Depth Analysis of Investor Perspectives and over 2,200 Transactions* (London: J.P. Morgan Social Investment, 2011), 6.

野を広げても、状況は同じで、特定された五二〇の投資のうち、六三％がローン、一九％がこれ以外の債務形態だということである[3]。さらに、五二の投資家グループによる二二一三の社会的インパクト投資を対象に行われたより広範な国際研究でも、同様の状況が確認されている。表3－1に示されている通り、二〇一一年時点でこれら社会的インパクト投資家は四四億ドルの社会的インパクト投資残高を有し、そのうち取引件数の七五％、資産（総額二七億ドル）の六二％が様々な種類の債務形態をとっている[4]。

ローンは、**債務**の一形態である。ローンの基本的な考え方はとても簡単である。貸し手が借り手に現金（元本）を提供し、借り手は、通常、一定期間後あるいは合意された将来の一時点（満期日）に利息付きで現金を返却する義務を負う。債券（詳細は以下で議論）のような他の債務形態に比べて、ローンは、規模も小さく満期までの期間も短い傾向にある。しかし、**債務**はすべて、もう一つの主要な投資資本形態である**株式**とは異なっている。**株式**は、所有権の持ち分にかかわり、資金の受け手が利益を生み出さない限り返済義務は生じない。このように、ローンは株式に比べてリスクが低く、通常、これに応じてリターンも少ない。

しかし、ローンは、社会的インパクト分野での使用が広がるにつれて複雑さを増してきている。[5] まず、ローンは、返済が焦げ付いた場合に、貸し手が差し押さえ可能な一定資産の裏づけがある「担保付き」ローン（用語解説参照）か、そのような資産の裏づけがない「担保なし」ローン（用語解説参照）かのいずれかの形態を取りうる。伝統的に、不動産ローンは、有形資産の担保があるため最もリスクが低い。しかし、通常、ソーシャル・ベンチャーは有形資産をほとんど持っていないため、ローンの「担保」（用語解説参照）を提供できることはほとんどない。以前に引用したが、二〇一一年にJ・P・モルガンが二二一三の社会的インパクト投資を対象に行った調査によると、債務投資の六〇％は無担保である。ローンはまた、「優先的」か「劣後的」かのいずれかの形態を取りうる。優先ローン（用語解説参照）は、借り手がローン債務を返済することができなくなった場合、その返済や資産に対する最初の請求権を持つ。これに対し、劣後ローン（用語解説参照）は、他の貸し手や投資家の後にのみ清算がなされる。ソーシャル・ベンチャーにローンを提供する営利団体は、リスク削減のために優先的ポジションを求める傾向が強い。最後に、ローンは「ソフト」と「ハード」のいずれかの形態を取りうる。ソフト・ローン（用語解説参照）は、柔軟で寛大な返済条件で提供され、通常、利子率も市場金利より低い。このような柔軟な条件を典型的に必要とするのは、ローンの担保となる有形資産がなく事業の将来も不確定な、スタートアップやセカンド・ステージのソーシャル・ベンチャーである。

信用補完は、民間投資家の参入が可能な水準にリスク・リターン率を変更することを意図している。

信用補完

多くのソーシャル・ベンチャーは相対的に事業リスクが高いため、貸し手を惹きつけ、初期段階のソーシャル・ベンチャーが通常必要とするマーケット・レート以下の利率を受け入れてもらうためには、多様な誘因をローンに加える必要がある。本書冒頭で紹介したアフリカ農業資本ファンド（African Agricultural Capital Fund：AACP）の事例がこれにあたる。J・P・モルガン・ソーシャル・ファイナンスがこの基金に八〇〇万ドルのローンを提供するための誘因として、米国国際開発庁は、ローンの債務保証を行っていかなる損失からもJ・P・モルガンを保護するという措置を講じなければならなかった。[6] このような債務保証は、「信用補完」として知られる誘因の一類型である。民間投資家は、通常、株主利益最大化という法的義務を負っている。信用補完は、民間投資家がこれを回避し、社会目的取引に参入できる水準までリスク・リターン率を変更することを意図している。別のケースでは、「社会的インパクト優先」志向の財団やこれ以外の社会的投資家が、助成金、劣後ローン、株式資本などを資金提供「スタック」の基礎として提供し、投資のイニシャル・ロスを吸収するという手法もある。こうした手法を通じて財団や社会的投資家は、投資コンソーシアムでより優先的なポジションを取ろうとする民間投資家を保護し、彼らの投資を促すとともにそのリターン要求水準を引き下げるのである。近年のイギリスのある取引では、マイクロファイナンス金融業者のフェアー・ファイナンスが、財団からの七五万ポンドの助成金と、ビッグ・ソサエティ・キャピタル、英国政府社会的投資基金からの三五万ドルのソフト・ローンの支援を基礎に、ソシエテ・ジェネラルとBNPパリバから二〇〇万ポンドのローンを確保している。(7)

確定利付証券

社会的インパクト投資領域で徐々に増加しているもう一つの債務手法は、**確定利付証券**（用語解説参照）である。これは、基本的には巨額のローンで、満期期間も長く、通常は引受業者や投資銀行を通じて販売され、年金基金、保険会社、高額所得者など様々な投資家に売り込まれる。資金規模が大きくマーケティングも非常に間接的なため、一般に確定利付証券は、洗練された**格付けプロセス**を経てから一般投資家に提供される。確定利付証券を通じた資金調達はグローバル・キャピタル・マーケットの重要な構成要素であり、最近の金融メルトダウンにもかかわらず二〇一〇年末時点で推定九五兆ドルの発行済み債務がある。このように、確定利付証券は、大規模事業に向けた巨額資金の調達が可能である。[8]

確定利付証券の最も一般的な類型は長期**債券**だが、短期の**証券**も使用されている。[9] 確定利付証券を通じて資金を調達した借り手は、合意された満期日に借り入れた資金元本を債券所有者に返済し、同時に、借入期間中、**クーポン**と呼ばれる利子を定期的に支払うという契約を締結する。債券所有者は、選択肢として契約締結後に保有債券を他の投資家に売却することもできる。売却価格は、証券の**クーポンレート**と市場の実勢レートとの関係に応じて様々である。

確定利付証券は規模が大きく複雑なため、通常は、確実な収入源を持ちクーポン支払いが可能な成熟段階の機関に利用される。社会目的組織では、大学と病院が確定利付証券の最も重要なユーザーである。アメリカの場合、通常、投資家は受け取りクーポンに対して税控除を受けることができ、これが信用補完支援となっている。

しかし、この収益性の高いツールを活用して、大学や病院以外の社会目的活動にも資金を提供するため、様々な革新的手法が探求されている。こうした革新的手法の一つが、予防接種のための国際金融ファシリティ（International Finance Facility for Immunization：IFFIm）である。これは、野心的な地球規模の取り組みで、全世界の最貧国七〇カ国に住む五億人の子供たちが、ポリオ、はしか、破傷風その他の致死的な病気のワクチン接種を受けることができるよう、ワクチンの製造、配布、提供などの資金を調達している。この資金調達も債券を通じてなされている。この債券は、ヨーロッパの複数の政府が最終的に債務保証しており、ゴールドマン・サックスやドイチェ・バンクが販売している。ＩＦＦＩｍのウェブサイトの説明では、「資本市場に債券を発行することで」、ＩＦＦＩｍは「政府の長期的なコミットメントを即座に利用可能な現金資金に転換する」のである。ＩＦＦＩｍ債は、二〇〇六年の第一回発行時に、当初目標だった一〇億ドルの一・七倍の一七億ドルを調達し、現在までに三六億ドルすべてを調達している。(10)

カルバート財団が一九九五年に開始したコミュニティ投資（ＣＩ）証券方式には、特に想像力を刺激される。

同じように想像力を刺激されるのが、カルバート社会的投資財団（カルバート財団）が一九九五年に立ち上げたコミュニティ投資（Community Investment：CI）証券のメカニズムである。カルバート財団は、フォード財団、マッカーサー財団、チャールズ・スチュワート・モット財団からの支援を得て設立された、アメリカに拠点を置くコミュニティ開発金融機関である。コミュニティ投資証券とは、基本的に格付けのないミニ債券で、カルバート財団は個人投資家に直接販売するか、あるいはブローカーを通じて間接的に販売する。現在は、ｅＢａｙの子会社を通じてオンライン販売も行っている。投資家は償還期間（一・三・五・七、または一〇年）と希望利子率（〇〜三％）を選ぶことができる。コミュニティ投資証券の販売収入は、アメリカの低中所得者向け住宅支援やインナーシティ開発促進に取り組むコミュニティ・ベースの中間支援団体、あるいは国際社会のマイクロファイナンスやフェアトレードを行う農業労働者協同組合などに投資される。現在までに、この革新的な確定利付金融手法は一万人の市民投資家から二億二〇〇〇万ドルの資金を調達している。損失は一％以下で、すべてカルバート財団が準備金で相殺するため、元本と利子はすべての投資家に償還期間内に確実に支払われている。[11]おそらく同様に重要なことは、カルバート財団の経験を踏まえ、他の多くの社会目的コミュニティ開発金融機関（用語解説参照）や関連機関が、保証も格付けもない小口証券事業を立ち上げて社会目的事業の資金調達を開始したことだろう。

債券に対する信用補完のもう一つの例としては、ビル＆メリンダ・ゲイツ財団が提供した三〇〇〇万ドルの債券保証がある。この保証のおかげで、ＫＩＰＰヒューストンという営利のチャーター・スクール・ネットワークは、ゲイツ財団側の資金負担なしで、ネットワーク拡大のために三億ドルを上限とする非課税債券を発行して民間投資家から資金を調達することが可能となった。より一般的な例としては、米国財務省が、二〇〇八年の金融危機以降のコミュニティ開発金融機関による低中所得者向け住宅支援やコミュニティ開発活動の資金調達を支援するために、二〇一一年に新たに設立したコミュニティ開発金融機関債券保証プログラムがある。

証券化

債券ツールと密接に関係するのが、**証券化**として知られるもう一つの債務関連手法である。証券化とは、「流通市場」のアクターが個人の住宅ローンや他の債務をひとまとめにして投資家に販売するために使う手法である。証券化を通じて、本源的貸し手が新たなローン提供に使うことのできる資金が生み出される。ソーシャル・ファイナンス領域に参入した他の「新しい」ツールの多くと同様、証券化も、通常の金融分野で長い間使われてきている。実際、二〇〇八年のアメリカ金融危機を引き起こしたのはまさに主流金融における証券化が抱えていた問題だった。というのも、証券化された住宅ローンの価値が、何も知らない投資家に宣伝されていたものよりはるかに低いことがわかったからである。投資家には、アメリカの一流の銀行や投資機関も含まれていた。証券化はソーシャル・ファイナンスの世界にも同じように導入されたが、グローバル金融危機のために、社会目的ローンに裏づけられた証券を購入しようという投資家の意欲は冷や水を浴びせられている。これらローンは、主流の営利金融機関が発行したものよりよほど良好なパフォーマンスをあげているにもかかわらず、である。

証券化は、特別目的会社への売却のために、何百、何千もの個人ローンを集めてパッケージ化するプロセスと、次いで特別目的会社がこのローンを担保に債券やその他証券を発行して最終投資家に売却するという二つのプロセスからなる。(12) 債券の担保ローンとしては、住宅ローン（不動産担保証券）、自動車ローンやクレジットカード・ローンなどの様々なローン、あるいは社会目的分野ではマイクロエンタープライズやチャーター・スクールなどへのローン（資産担保型証券）などがありうる。当然のことだが、こうした複数のローンを担保とする証券の価格を設定するのは非常に複雑である。というのも、満期期間、利子率、償還可能性、そしてこの三要素と一般市況の関係を踏まえて、それぞれのローンのリスク・リターン見込みを決定し、これに基づいて証券価格を算出する必要があるからである。

伝統的に社会目的投資を取り巻いていた不確実性のため、比較的最近までこの分野では証券化の進展が遅れていた。社会的投資領域における流通市場のアクターは、市場「格付」証券（用語解説参照）を利用するという正統な金融手法の代わりに、私募や特別な資金提供コンソーシアムの設立という手法に頼らねばならなかった。さらに彼らは、エンジェル投資家やフィランソロピー機関から、債券保証や損失補塡準備金などの様々な信用補完を確保しなければならなかった。

しかし、二〇〇〇年代初頭に、住居とマイクロファイナンス分野の流通市場事業者が、この非常に収益性の高い手法への参入についに成功し、巨額の資金を社会目的活動に流し込みはじめた。二〇〇四年には、コミュニティ再投資基金（Community Reinvestment Fund：CRF）という低所得者向け住居提供とコミュニティ開発ローンを中心とするアメリカの流通市場（用語解説参照）が、これらローンを担保とした初の「格付」債券を集めて売り出すことができるようになった。おかげで、コミュニティ再投資基金は、今までは厳格な投資ガイドラインのために格付けのない債券の取引に参加できなかった八つの機関投資家から、新たな資金を引き出すことができるようになった。二〇〇八年の金融危機で投資家の反応が冷えるまでの間に、コミュニティ再投資基金はさらに三件の格付証券を市場で発行した。

グローバル・マイクロファイナンス・インダストリーもまた、証券化ツールへの道筋を何とか見出した。スイス所在のマイクロファイナンス投資ファンドであるブルー・オーチャドは、二〇〇四年に初のマイクロファイナンス証券を市場で発行し、六七〇〇万ドルの資金を調達した。これは世界中のマイクロファイナンス投資仲介団体（Microfinance Investment Intermediaries：MIIs）への資本の再注入に使用された。引き続き、少なくとも他の九つのマイクロファイナンス向けの証券化取引が成功裏に締結された。このうち、最新のものはバングラデシュ農業推進委員会が二〇〇六年にマーケティングに成功した一億八〇〇〇万ドルという巨額の証券化である。全世界でみると、二〇〇八年時点で、マイクロファイナンス・ローンの証券化により総額五億二五〇〇万ドルが調達されている。これはかなりの額だが、それでもマイクロファイナンス投資仲介団体の発行済み投資総額の一二％を占めるにすぎない。

社会目的組織にとって証券化よりはるかに魅力的なものが株式投資ツールである。

株　式

社会目的組織にとって、証券化よりはるかに魅力的なものが株式投資ツールである。証券化の基礎となるローンは最終的に利子付きで返済しなければならないが、株式投資にはそのような義務は付随しない。通常、株式投資は、資金と引き替えに株式投資家に事業の所有権株を売却するという形態を取る。債務の場合と異なり、組織は投資元本や利息を返済する法的義務を負わない。一般に、株式投資家は、今後成長すると思われる組織に投資する。このリターンとして、株式投資家は組織の事業収益から支払われる配当、および/あるいは他の投資家への組織売却や株式売却によるキャピタル・ゲインの受け取りを期待することができる。しかし、その事業が配当を支払えなかったり、業績が良くなかったりする場合には、株式投資家は投資資本を失うこともありうる。このように株式投資は最高度のリスクを抱えており、このため通常は最高度のリターンを追求する。

株式を通じた資金調達は、今まで社会目的組織の一般的なツールではなかったが、近年の発展がこの状況を変えつつある。

株式を通じた資金調達は、今まで社会目的組織の一般的なツールではなかったが、近年の発展がこの状況を変えつつある。(13) 過去に使用が限定されていた理由の一つは、多くの社会目的組織が、非営利組織形態を取っていたため、所有権株発行や事業収入分配を法的に禁止されていた点にある。また、営利型社会的企業の場合でも、利益を出せるようになるまでにはかなりの時間がかかるため、社会的投資家にとって魅力がなかったという点もある。財団のような忍耐強い資本の提供者でさえ、株式投資にはあまり乗り気ではなかった。サラ・コッホとマーク・クレイマーが二〇〇七年にアメリカの五二財団のミッション投資を対象に行った研究によれば、財団が行った五二〇の投資のうち、株式投資は総件数のわずか一四％にすぎなかった。さらに、株式投資は投資総額の四五％を占めていたが、その圧倒的多数は有形資産関連の不動産取引だった。[14] 二〇一一年にJ・P・モルガンが最低二五〇〇万ドルの資産を運営する五二の社会的投資仲介機関を対象に行ったより一般的な調査でも、株式投資は、二二一三件の調査対象投資のうち、件数ベースでわずか二五％を占めるにすぎなかった。ただし、資産ベースでは三八％あった。[15]

にもかかわらず、社会的企業が近年成長を遂げ、その多くが、営利企業、協同組合、あるいは営利・非営利ハイブリッドの形態を取るようになったため、社会目的分野でも実質的に株式が使われるようになり、この資金供給のための株式ファンドの広範なラインナップも成長するに至っている。おそらくこれを反映していると思われるが、J・P・モルガンの最新の調査は、社会的インパクト投資家の株式利用がやや拡大していることを示している。この調査によると、二〇一二年時点で、調査対象となった社会的インパクト投資家のうち、私募債を使っていると回答した者はわずか六六％にすぎなかったのに対し、何らかの形で株式投資を利用していると回答した者は八〇％以上となっている。ただし、この最新の調査は、株式ツールを使った取引や資金提供のシェアについては触れていない。[16]

こうした社会目的株式投資の多くは、いわゆる未公開株式、すなわち一般に公開された公設証券取引所に上場されていない会社への投資という形態を取っている。通常、投資は株式**ファンド**を通じて未公開で取引されるが、近年、株式ファンドは件数的にも資産的にも実質的に成長を遂げている。アメリカの未公開株ファンド市場に関するある推計は、いわゆる社会的責任「オルタナティブ投資ファンド」の数を三七五件としている。これは、環境、社会、ガバナンス（ESG）基準を投資決定に組み込んで非上場企業に投資するファンドのことである。これらのファンドは、全体として約八一〇億ドル近くの資産を運用しており、対前年比で約一六％増加している。このうち、大まかに三四〇億ドルが未公開株とベンチャー・キャピタル・ファンドで、四四〇億ドルが不動産ファンドである。不動産ファンドの一部は株式投資の形態を取っている。[17]

コミュニティ開発ベンチャー・キャピタル連合（the Community Development Venture Capital Alliance：CDVCA）は、経済後進地域のビジネス支援に焦点を当てた株式投資業界の事業者団体である。加盟団体の目的は、「投資が十分になされていないマーケットの事業に株式資本を提供し、良質な雇用、富、起業能力を生み出すとともに、金銭的リターンも追求する」ことだと説明されている。[18] ケンタッキー・ハイランズはこうしたファンドの最初期の事例の一つで、経済不況に陥っていたケンタッキー州南東地域での九つの郡における成長促進と雇用機会創出を当初の目的として一九六八年に結成された。その後、彼らはコミュニティ再投資法で活発化した銀行資金を取り込むことで、事業対象地域の拡大と連邦政府からの当初資金のレバレッジを果たしてきた。三五年間にケンタッキー・ハイランズの株式投資は、二二〇のビジネス支援、一億七八〇〇万ドルの資金調達、九九〇〇人以上の雇用創出を達成すると同時に、投資家にはマーケット・レートのリスク調整後利益率を生み出したのである。[19]

株式ファンドを通じたエクイティ・ファイナンスは、決してアメリカや他の先進諸国だけに限定されるわけではない。かなりの数のファンドが、新興市場でも同様に相応のリターンを伴う株式ファンディングは可能だという事実に気づき始めている。「ボトム・オブ・ピラミッド」で活動する有望ベンチャー向けに、イギリスを拠点とするブリッジ・ベンチャーズ、ドバイを拠点とするウィロー・イ

コラム6　アービシュカール・インターナショナル

我々アービシュカールは、マイクロ株式投資のリーダーの役割を自ら引き受け、大きな社会的インパクトを持ちスケールアップも可能な小企業者層を生み出してきた。

アービシュカールⅠファンドは、インドの農村・郊外地域の社会包摂的開発を促進するために設立された。ファンドの基本理念は、有望なマイクロ企業や中小企業（Micro, Small to Medium-sized enterprises：MSMEs）が、インドの経済貧困地域の状況改善の推進力として役立つだろうという前提に基礎を置いている。アービシュカールⅠの資本（一四〇〇万ドル）はすべて、農業、酪農、保健医療、水道と衛生、開発テクノロジー、教育、再生可能エネルギーなどのセクターで事業を行う会社二一社に投じられている。

出所：Aavishkaar International（http://www.aavishkaar.com).

ンパクト・インベスターズ、シンガポールを拠点とするアービシュカール・インターナショナルなどの営利会社が、古典的な未公開株モデルにかなり近い形態の事業を立ち上げ、マーケット・レートのリターンを期待する投資家から資金を調達して投資を行っている[20]（コラム6参照）。

個人投資家は、株式ファンドを通じた間接的な未公開株以外に、かなりの額の株式投資を直接ソーシャル・ベンチャーに投じている。彼らは通常、ソーシャル・ベンチャー・ネットワーク、インベスターズ・サークル、スロー・マネー連合、TONIICなどの、エンジェル投資家や社会起業家のネットワークの支援を受けている。たとえば、インベスターズ・サークルは、一五〇の投資家、ドナー、資産家のファミリー・オフィスなどからなるネットワークである。インベスターズ・サークルは、参加メンバーが一億五〇〇〇万ドルの投資を二〇〇以上の社会・環境目的会社やネットワークに行うのを支援してきた[21]。

未公開株式は、様々な形態を取る。「標準株式」は、通常、ある程度成長した会社が、すでに実績のある事業の規模を拡大するために必要とする株式である。「準株式」として知られる別のタイプの株式は、以下で議論するように、余裕資金を必要とする初期段階の会社や、投資家への所有権株発行と利益分配を禁じられているために普通株式を利用できない非営利型社会的企業に使われることが多い。なお、標準株式も「普通株」「優先株」「転換優先株」など様々な形態を取っている。標準株式のこれら諸形態は、段階的に拡大していく形で、会社が生み出す利潤に対する所有権や優先請求権などを提供する。事業を取り巻く不確実性が拡大すれば、それだけこうした所有権や優先権に対する株式投資家の要求も拡大するだろう。

株式には何のリターン保証もないため、通常、株式投資家、特に株式市場未上場の会社に投資する未公開株式投資家は、企業能力の評価、意志決定の際の審査権確保、理事会の地位獲得などに細心の注意を払う。投資する株式ファンドの金額と使用法、会社とその事業の査定、使用される株式手法の正確な種類、投資家に付与される決定権、会社のオーナーや経営者に与えられるインセンティブや統制権などの詳細を決めるために、複雑な「条件規定書」が用いられる。[22]

未公開株式投資を通じた社会目的活動資本は、通常、初期段階か中間発展段階向けのファイナンスに焦点を当てるが、近年は、もう一つの類型の社会目的株式投資が大幅に拡大している。これは、国連責任投資原則（UN Principles for Responsible Investment：UNPRI）などの投資審査メカニズム登場の副産物として登場したものである。このメカニズムは、社会・環境面に配慮した投資基準を重視し、成熟段階の会社が発行する公設証券取引所の**公開**株式に焦点を当てる。[23] 二五兆ドル以上の資産を運用している約二三〇の年金基金や他の投資機関がこの国連責任投資原則の基準を受け入れている。二〇一一年時点で、アメリカの三・三兆ドルの投資資産が何らかの形の責任投資基準のもとで運用されており、またヨーロッパでは、これに類する資産額は六・八兆ユーロ（二〇一二年の為替レートでほぼ九兆ドル）で、ヨーロッパにおける株式資産のおよそ三分の一を占めている。[24]

準株式

株式を通じた資金調達は資金源として強力だが、社会目的活動すべてに利用できる訳ではない。一つには、多くの社会的企業がとても若いという点がある。たとえば、二〇一一年にイギリスで行われた社会的企業調査では、社会的企業の五四％が設立から一〇年未満で、三一％が五年未満だということが判明している。対照的に、イギリスの中小企業は、それぞれ三三％と一五％という数字になっている[25]。信頼に足る利益を企業が生み出すようになるまでに必要な期間を考えると、株式投資家は社会的企業への投資に躊躇してしまうだろう。その上、多くの社会的企業は法的に非営利の形態を取っているため、投資家への所有権株発行や配当を通じた利益分配が禁じられている。最後に、たとえ営利会社に投資する場合でも、株式投資家というものは、ソーシャル・ベンチャーへの株式投資を引き上げたいと思った時に保有株を売却できるマーケットがあるかどうかを心配するものである。

基本的に、準株式は、投資家に株式リターンに類似したリターンを与えるが、組織の所有権株は与えない。

他方、これらソーシャル・ベンチャーはすべて、事業開始や事業拡大のためのリスク資金を必要としており、返済に見合うリターンが確保できない場合、ローンによる資金調達は適切ではないかもしれない。幸い、この難題を処理する多くのイノベーションが登場している。この一つが、すでに詳しく説明した「仲介取引市場」あるいは完全版の**社会的証券取引所**（用語解説参照）の創設である。こ

コラム7　準株式

債務を通じた資金調達はソーシャル・セクター組織に適さない場合がある。特に、リスクの高いスタートアップ局面ではそうである。また、組織構造上、株式発行ができない場合は、株式投資も不可能である。

準株式投資を使えば、収入の一定割合をロイヤルティとして支払うことが可能になるため、投資家は、投資先の将来の収益からリターンを得ることができるようになる。しかし、もしもその投資先組織の事業がうまくいかなければ、投資家は何も得られない。この点は通常の株式投資でも同様だが、非営利組織の場合、株式発行の必要はない。多くの場合、ソーシャル・セクターは利益分配ができない組織構造となっているため、準株式投資家が将来的に受け取る収益の取り分は、通常、利益ではなく収入に連動している。

出所："What is social investment," Big Society Capital.
(http://www.bigsocietycapital.com/what-social-investment, accessed 2013.6.12)

うした取引所は、投資家が高額の取引費用負担なしに社会目的株式投資から資金を引き揚げることができるため、市場としての信頼性が高い[26]。もう一つのイノベーションは、ストラクチャード・ファイナンス手法の利用である。これは、一つの契約の中に異なるタイプの金融商品をまとめる手法である。これを導入すれば、他の資金提供者が損失のイニシャル・リスクを吸収する助成金やローンを提供してくれるため、株式投資家はリスクを緩和することができる。たとえば、アービシュカール・インターナショナルの投資商品は、通常、「普通株式と転換社債を組み合わせた商品である。適切だと判断すれば、準株式、転換優先株、償還優先株、メザニン・ローン、ロイヤルティ、およびその他のベンチャー・キャピタル手法も使用する。オーナーシップの希薄化を最小化しつつ同時に事業を拡大したいと考えるソーシャル・ベンチャーを支援するため、投資ストラクチャーを柔軟なものとしている点が、我々の大きな差別化戦略の一つである」とされる[27]。

しかし、社会目的株式投資分野におけるさらに興味深い発展の一つは、様々な形態の準株式の使用が拡大していることである。基本的に、準株式は、組織の所有権株ではなく株式リターンに類似したリターンを投資家に与える（コラム7参照）。これは、組織全体または特定事業のどちらかの収入が伸びた場合、その一定割合の配当を投資家に保証する何らかの債務契約かロイヤルティ協定を締結することで可能となる[28]。たとえば、HCTグループは、恵まれないコミュニティで運送サービスを提供するイギリスのチャリティ団体で、営利の運送契約落札競争にも参入している。彼らは準株式投資（用語解説参照）手法を使って四〇〇万ポンド（二〇一二年の為替レートで六四〇万ドル）を調達し、車両と

設備を購入した。しかも、彼らは組織の非営利オーナーシップ構造を希薄化することなくこれを行ったのだ。(29)

> **……有望な予防サービス導入により見込まれる将来の政府予算の節約部分を貨幣化し、これを活用して……民間投資家を募る。**

社会的インパクト債

ソーシャル・ファイナンス分野に近年登場したもう一つの革新的なツールが、**社会的インパクト債**（Social Impact Bonds：SIBs）である。アメリカでは**成功報酬債**（Pay For Success Bonds）と呼ばれている。社会的インパクト債は、予防サービスに資金を提供する手法である。予防サービスは、長期的にみた場合、政府やその他機関の実質的な経費節減をもたらすことができるが、経費節減が具体化するまでのサービス維持に必要な事前資金の調達が困難である。社会的インパクト債は、有望な予防サービス導入により見込まれる将来の政府予算の節約分を貨幣化し、この節約予算または少なくとも節約見込みを活用して民間投資家を募るという形でこの問題を解消しようとする。民間投資家は、予防サービス成功の証拠が示されればこの予算節約分の一部をリターンとして得ることが保証されるのと引き替えに、予防サービスへの先行投資リスクを引き受けるのである。

社会的インパクト債の仕組みは次の通りである。まず政府が中間支援組織を募集する。募集条件は、実現すれば政府予算の節約が可能となるような社会福祉分野の予防サービス事業構築に精通していること、および数年間の先行経費を負担してくれる民間セクターの資金提供者たちをみつけてくる意思があることである。この予防サービス事業が目標を達成したり上回ったりした場合に政府が報酬として約束するのは、投資家の初期投資元本と、事業の達成度に応じてスライドするリターンである。

これが示しているように、実際のところ、社会的インパクト債は言葉の真の意味での債券ではない。むしろ、準株式と同様、株式と債務の奇妙な混交物なのである、社会的インパクト債は、株式同様、支援対象事業のパフォーマンスが一定の閾値を満たす場合にのみ、投資家へのリターンを生み出す。仮にこの閾値を満たさなければ、投資家は投資元本の損失やネットリターンなしという結果に終わるリスクがある。債券と同様に、社会的インパクト債は、償還期間が固定されており、リターン利率にも上限がある。(30)

社会的インパクト債の最初の試みが、英国ピーターバラ刑務所で進められている。ソーシャル・ファイナンスというイギリスの社会的投資仲介機関が、一七の投資家から五〇〇万ポンド（約八〇〇万ドル）を調達して、ピーターバラ刑務所を出所した初犯者を対象とする六年間の包括的社会復帰プログラムに資金を提供している。ソーシャル・ファイナンスは、資金調達にあたりスライド型利子付きの投資償還約束を英国政府から取り付けている。償還条件は、この介入措置を通じ、対照グループとの比較で、プログラムに参加した犯罪者の再犯率削減目標が達成されることである。(31)

すでにこのアイデアは、前述したようにアメリカにおいても、「成功報酬債」という名前で広まっている。アメリカの最初の事例は、二〇一二年八月初旬にニューヨーク市が公告したもので、イギリス同様、初犯者の再犯予防事業を対象としている。イギリスの場合は助成財団が資金の大半を負担していたが、ニューヨーク市の場合は営利投資会社のゴールドマン・サックスが先行資金を負担している。ゴールドマン・サックスは、九六〇万ドルのローン基金という形でこの試みに投資した[32]。

2　他の新たなツール

フィランソロピーのニューフロンティアで新たに利用可能となった社会的インパクト投資ツール以外にも、多様な投資手段や手法が社会・環境活動の領域に導入されている。このうち、特に以下の三つが注目に値すると思われる。すなわち、マイクロ保険、社会的責任投資・購入、そして新たなタイプの助成金である。

マイクロ保険

他のツールと比べてそれほど新奇なものではないが同様に強力なフィランソロピーの新たなツールとなっているのが、マイクロ保険である。これまでにみてきた他の新たなツールの多くと同様、マイクロ保険にも特に目新しいことはない。新しいのは、何百万もの人々が経済ピラミッド底辺の多層的リスクにほぼ全面的にさらされた状態で生活している状況において、保険というスタンダードなツールを彼らが利用できるものにした点である。最近の推計では、世界の最貧国一〇〇カ国の低所得者層における保険加入者の割合はわずか三％未満となっている[33]。これは、最貧国の九七％以上の人々が、病気、旱魃、暴風雨、洪水、家族の死などの典型的な生活保障上の脅威にさらされたままであることを意味している。こうした脅威は、人々をさらなる貧困に突き落としたり、貧困から脱出しようとする努力を挫いたりする可能性がある。

最近の推計では、世界の最貧国一〇〇カ国の低所得者層における保険加入者の割合はわずか三％未満となっている。

こうしたリスクを緩和するため、葬儀保険のような多くの貯蓄や保険の枠組みが住民の中から自然発生してきたが、これらは費用対効果が高くて信頼に足る保険商品となる主要要件を満たしてはいない。その要件とは、保険料を支払い可能な低価格に抑えつつ、しかもコストに見合う保証を提供するのに十分な規模の集団を確保してリスクをプールすることである。

幸い、政府、国際労働機関（ＩＬＯ）などの国際機関、民間保険会社などの協力により、新しい「マイクロ保険」商品が登場し、ボトム・オブ・ピラミッドのマーケットを手がけ始めた[34]。二〇一〇年のある推計は、全世界のマイクロ保険の被保険者数を一億三五〇〇万人としている。しかし、これは全世界のニーズのほんの一部に過ぎず、わずか数カ国のみしか対象となっていない。実際、スイス・リー・グループが二〇一〇年に行った調査の推計によると、一日一・二五〜四ドルで生活し、少額保険料の支払は可能だが従来型保険ではカバーされていない人々の数は二六億人程度、一日一・二五ドル以下で生活しているが、補助金の支援があれば保険のカバーを受けることが潜在的に可能な人々の数は一四億人程度だということである。[35]

フィランソロピーのニューフロンティアで使われている他の多くの新たなツールと同じく、こうしたマイクロ保険商品がボトム・オブ・ピラミッドのマーケットになかなか浸透できない要因は、営利型保険事業者の側で、このマーケットがもたらす事業収益の可能性を認識できていないためである。もう一つの要因は、保険商品に固有の複雑性である。保険商品を発展させるためには、膨大な数の人々に対するマーケティング、損失保証の頻度を検証してその価値を計算するメカニズムの導入、何らかの形で損失可能性を事前推計して保険料を算定する手法の開発などが必要であり、さらに低所得の顧客でも支払い可能な低価格に保険料を抑える必要もある。

こうした障壁の克服には、ボトム・オブ・ピラミッドの貧困層とつながりを持つ政府、保険会社、財団、国際機関、その他アクターたちによるイノベーションとチームワークが求められる。すでに印象的なイノベーションが進められている。たとえば、インドのあるプログラムは、民間保険会社の協力を得て、インド二五州の貧困ライン以下生活者六三〇〇万人に健康保険を拡大した。[36]天候状況を支払い指標とする穀物保険や、無線周波数による識別装置を活用した家畜保険などの、保険請求検証システムも開発されている。ボリビアのＰｒｏｄｅｍのようなマイクロ保険金融機関や、コロンビアのＣＯＤＥＮＳＡのような電力会社など、それぞれの国の低所得者層と深くつながっている組織の協力を得て、今まで十分なサービスを受けることができなかった顧客層に多様な保険商品を売り込む事例もみられる。こうしたイノベーションは、前述したマイクロ保険ネットワークや国際労働機関のイノベーション・ファシリティ、皆保険に向けた共同学習ネットワーク、ミュンヘン気候保険イニシアチブなど、インフラストラクチャー組織のネットワーク拡大に伴って、発展・普及してきている。(37)

社会的責任投資・購入

複雑な金融手法を必要とせずに社会・環境目的を達成するもう一つの枠組みが、社会的**責任投資・購入**である。社会的インパクト投資の推進者は、この社会・環境変革アプローチをあまり高く評価しておらず、主として「社会・環境面で肯定的利益を積極的に生み出すというよりも、むしろ否定的インパクトを最小化する」方法にすぎないとみなしている。(38)しかし、現実には、このメカニズムは肯定的な側面でもかなり勢いを増してきている。

社会的責任投資・購入の鍵を握るのは、企業に社会・環境的責任をもって事業を行うよう圧力をかける投資家と消費者をいかに動員するかにある。働きかけのチャネルは多様で、ポジティブ・ネガティブ両面における投資**審査**の促進、投資**基準**の確立、責任ある企業行動を促すための**議決権付き**株式の保有、株主たちによる投票**決議**の導入、企業トップとの**対話**、問題商品の**ボイコット**、あるいは、労働者の権利・健康の配慮・動物の扱い・持続可能な森林・先住民支援などに関する様々な基準を充たす商品の購入促進などがある(39)。

社会的責任投資・購入は、全面的に新しいという訳ではないが、一九九〇年代から二〇〇〇年代にかけて、大きな拡がりをみせた。これは、新たなテクノロジーの登場や企業の「レピュテーション・リスク」感覚の増大の結果、社会的意識の高い投資家や消費者が、より大きなレバレッジを行使できるようになったためである。拡大の起爆剤の一つは、二〇〇六年に環境、社会、ガバナンス面での企業の責任ある行動基準を定めた国連責任投資原則の発展である。前述した通り、二〇一二年までに二三〇の年金基金とその他投資ファンドがこの原則を受け入れ、投資活動にあたってこの原則に従うことを誓約している。

二〇一二年時点でヨーロッパにおいて、社会的責任投資基準に基づき運用されている資産の規模は六八兆ユーロ、あるいは九〇兆ドル近くとなっている。

社会的責任投資は、特にヨーロッパの投資家サークルの関心を集めている。欧州社会的責任投資フォーラム（The European Sustainable Investment Forum : EUROSIF）は、七九の年金基金・投資ファンドのネットワークで八カ国に傘下組織を持っている。二〇一二年時点でヨーロッパにおいて、一定の社会的責任投資基準に従ってフォーラムのメンバーが運用している資産規模は六八兆ユーロ、またはおよそ九〇兆ドルとなっている[40]。さらに、社会的責任投資の成長率は、最近のヨーロッパ大陸における投資総額の成長率を上回っており、六つの責任投資戦略領域のうち四領域については、二〇〇九年以来、年率三五％以上の成長を遂げている[41]。アメリカでこれに相当する数字は、責任投資基準の下で運用されている三三兆ドルの資産である。

この社会的責任投資の圧力によるものかどうかはともかく、社会的責任投資報告は、グローバル大企業の必須項目となった。ブラジルのインスティチュート・エートスのような機関が、積極的にブラジルや中南米地域でこの取り組みを普及しており、ブラジルだけで六〇〇以上の企業がエートスの厳しい要求水準に合致した社会的責任報告を作成している。ある研究者が記しているように、エートスはブラジルにおける企業の社会的責任（Corporate Social Responsibility：CSR）を「公式化」し、これを「巨大な社会問題への取り組みと先進性を認めてほしいブラジル企業にとっての必須項目」にしたのである[42]。

社会的責任投資の拡大と歩調をあわせる形で社会的責任購入も拡大してきた。スティーブ・リンデンバーグとケイティ・グレイスが報告しているように、オーガニック食品・飲料のグローバル市場は二〇〇七年時点ですでに総額二三〇億ドルに達し、オーガニックなパーソナル・ケア商品の販売はアメリカだけで総額九〇億ドルに達している。企業の社会的責任活動報告を求める圧力が高まるのに伴い、企業は社会的責任購買者としての消費活動にも参画し、社会的責任の追求に自身のサプライ・チェーン・マネジメントも活用しようとしている。日本、ヨーロッパ、および一部ラテンアメリカ諸国の企業が特にこの分野で活発に活動しており、これら諸国では政府活動も同様に活発である。

確かに、社会的責任投資・購入の成長は目覚ましいが、それはまだ、各領域の活動のほんの一部でしかない。また、投資・購入のどちらの戦略についても、それが企業の収益や株価に現実的な財務インパクトを与えていることを示す証拠はまだわずかしかない[43]。しかし、少なくともいくつかの企業は、これが大きなインパクトをもたらしているかのごとく振る舞っている。このような事実があること自体が重要なのである。

助成金の世界でも同様に、近年、いくつかの重要なイノベーションが登場してきている。

助成金

フィランソロピーのニューフロンティアの多くは、従来型の助成事業では大きなレバレッジを達成することができないという理由から、非助成金型の支援に着目してきた。しかし、実は、助成金の世界でも同様に、近年、いくつかの重要なイノベーションが登場してきている。さらにいえば、これらのイノベーションは、助成事業がより大きなレバレッジ達成のために試みてきた多様な手法の蓄積の上に登場してきたのである。その手法とは、スタートアップ助成やマッチング助成であり、実現可能なイノベーションを提示することにより政府が事業を継承してくれることを目指すパイロット・モデル開発である。

こうした近年のイノベーションの一つが、前述した「ベンチャー・フィランソロピー」という、大規模助成と集中的な組織のキャパシティ・ビルディング支援や経営参画を組み合わせる実践手法である。イノベーションのもう一つの領域は、顕彰やクラウドソーシングを通じて追求される様々な形態のコンペである。こうした形態の助成事業は、「助成事業の新風」といえるだろう[44]。伝統的な助成事業は、財団のプログラム・オフィサーが基本的に設計・運営するが、顕彰やクラウドソーシングは異なる前提から出発する。その前提とは、アイデア市場なるものが存在しており、財団が資金を使う最善の方法は、このマーケットにできる限り幅広く入っていくことである、というものである。顕彰事業には、ある領域の顕著な功績に報いる形で出されるものもある。例としては、ピュリッツァー賞やノーベル賞などである。しかし、これとは異なるタイプとして、ある具体的な課題に対する解決手法を募集するオープン・コンペティションという形の顕彰事業が徐々に登場してきている。この例としては、Xプライズがある。これは、たとえばパイロットを乗せて大気圏外まで飛ぶことができる一人乗り飛行機の設計、のような特定の目標を最初に達成したチームに一〇〇〇万ドルを提供する賞である。ケース財団の「それぞれの選択（Make It Your Own）」賞では、ケース財団が二万五〇〇〇ドルの助成金を授与する組織を、多くのコミュニティ改善組織の中から市民投票で決定してもらう。トヨタのアイデアズ・フォー・グッド賞は、トヨタが開発した自動車関連技術の五つの範疇のいずれか一つを他分野に応用して、コミュニティや公共の問題解決に成功した個人や団体に授与される。

最近のマッキンゼー&カンパニーの報告によると、このような顕彰事業がここ数十年間で爆発的に拡大したということである。二一世紀の最初の一〇年間で、約二億五〇〇〇万ドル近い賞金が新たに利用可能となり、大規模な顕彰事業で獲得できる資金総額は二〇〇〇年代の一〇年で三倍増以上の三億七五〇〇万ドル超となっている。実際、マッキンゼー&カンパニーは、顕彰事業セクター全体で一〇億から二〇億ドル相当の資金があると推計している。(45)

3　結　論

一言でいえば、フィランソロピーのニューフロンティアを占めているアクターとツールの双方において、ビッグ・バンが発生している。では、この現象は、どのように説明できるだろうか。そして、その説明は、この現象の持続性を確保する上でどのような洞察を提供してくれるだろうか。今や、我々はこうしたより分析的な問いへと向かう必要があるだろう。

第4章　なぜ今なのか

手元にある証拠を見る限り、フィランソロピーのニューフロンティアが今このような形で登場してきた背景には、多くの潜勢力が働いてきたように思われる。さらに、需要・供給双方の要因も働いている。

1　新たなソーシャル・キャピタル市場の需要面

近年、フィランソロピーと社会的インパクト投資の世界にニューフロンティアが形成されてきた背景には、第一に、この間、需要面で無視できなくなってきた一連の諸要因があると思われる。これら諸要因には、少なくとも次の三つがある。

新たな地獄

第一に、近年、世界人口の多くが陥っている長期の貧困・格差の問題が深刻な環境上の脅威と結合して、人々に複合的な苦難をもたらし、ダンテの地獄の現代版ともいうべき状況が生まれている。ダンテの九層地獄巡りのガイド、現代のウェルギリウスは、環境活動家のレスター・ブラウンである。彼の『ワールド・オン・ザ・エッジ』（邦訳：枝廣淳子訳『地球に残された時間――80億人を希望に導く最終処方箋』ダイヤモンド社、二〇一二年）は、環境破壊・大量消費などの悪習と諸傾向が減じることなく継続された場合に我々を待ち受ける未来の姿を、ダンテの『神曲』と同じほど鮮明に描いている。(1)

パーフェクト・ストームともいうべき諸潮流が合流して我々の文明を脅かしている。

ブラウンが述べているように「パーフェクト・ストームともいうべき諸潮流が合流して我々の文明を脅かし、経済的、政治的な混沌状況に追いやろうとしている(2)」。ダンテが想像した九層の地獄に、ブラウンは六つの恐るべき諸潮流を加える。

ブラウンによれば、世界が被っている罪状リストの最初に来るのは、地表の主要部分で進行する農民の過剰開墾や森林破壊がもたらした水資源の枯渇である。この結果、約二〇カ国において、地下水位の低下と井戸水の消失が生じている。これには、世界の穀物の半分を生産している中国、インド、アメリカの三カ国も含まれる。

水不足は、過剰農業、過剰放牧、都市化拡大と結合し、第二の破壊的な潮流を生み出す。それは、地球表土の損失とこれがもたらす自然生産力の喪失である。これは究極的には砂漠化をもたらし、地球は生命を維持することができなくなる。砂漠化は、今や地球表面の二五％に影響を与え、一〇億人以上の人々の生活を脅かしている。それはまた、アジア内陸部と中央アフリカに巨大な黄塵地帯を形成し、さらにアメリカ西部にまで深刻な旱魃の爪痕を残している。

砂漠化は、今や地球表面の二五％に達し、一〇億人以上の人々の生活を脅かしている。

こうした問題は、第三の破壊的な潮流によってさらに深刻となる。すなわち、過剰な化石燃料消費とこれに伴う地球温暖化である。これは食糧供給に甚大な脅威を与え、より大規模で高頻度の気象災害を生み出し、何百万もの人々の住処を奪っている。

海水面上昇、破壊的暴風雨、砂漠化などにより住処を奪われた人々は、自身が第四の破壊的な潮流となってしまう。「環境難民」数の膨大な増加である。「環境難民」とは、温暖化がもたらす破壊的暴風雨、砂漠化の進行、地下水位の低下、無規制の有毒廃棄物などのために居住地からの立ち退きを余儀なくされた人々のことである。この現象は、次いで、第五の痛ましい潮流により倍加される。すなわち、特に世界の最貧困地域にみられる急速な人口増加である。これは、ブラウンが命名した「人口の罠」を生み出し、大家族が貧困を招き、貧困が大家族を招くという悪循環に陥らせるのである。現在、世界の最貧国二〇カ国の人口の少なくとも四〇％が一五歳以下である。まともな雇用機会のない膨大な若者人口、特に若い男性の存在は、社会的不満、犯罪、最終的には暴動にまで至る原因となる。

これらすべては、第六の恐るべき大罪を生み出す。すなわち、破綻国家の著しい増加である。国家が破綻すれば、道路、電気、水、衛生システムなどの経済インフラはさらに悪化し、政府当局の弱体化と武装集団・軍閥などの対抗勢力の台頭を招く。ソマリア、チャド、スーダン、コンゴ、アフガニスタン、イラクではこのプロセスがかなり進行しており、パキスタンやナイジェリアのようなより人口密度の高い国でも、領土のかなりの部分が「破綻国家」状態となっている。

これらの悲惨な諸潮流が複合する現状を通観する限り、貧困緩和に真剣に取り組み、食糧、水、健康、環境面の危機に対する長期的ソリューションを生み出す必要性が大幅に拡大しているといえるだろう。これは、問題が集中している地域の人々の苦難を除去するだけでなく、地球上のすべての人々が被るであろう恐るべき結果を回避するためにも必要とされているのだ。

政府・財団資金の枯渇

どのような状況下でも、このように環境、経済、社会、政治が相互に関連している課題を解決させることは困難である。しかも、現在、この課題に直面している世界は、計り知れない経済ショックと持続不可能な水準に達した政府財政赤字という問題を抱えており、さらに、拡大しているとはいえ、財団資金も現在の諸問題への対応に必要な資金を十分に提供できるまでには至っていない。アメリカの債務が今や国内総生産の一〇七％に達し、フランスやドイツの債務がEU法定上限の国内総生産六〇％を超えている状態では、世界で最も富裕な諸国ですら、こうしたグローバルな課題の解決に向けて断固たる行動を取ることができる状況にはない(3)。実際、これら諸国のほとんどは、社会・環境面での自国民保護という最重要課題でさえ予算削減を余儀なくされている状況にあり、多くの国は失業率のさらなる上昇にも直面している(4)。また、グローバル・フィランソロピーは、たとえ多めに見積もっても、各国政府が支出できる資金のほんのわずかを占めるにすぎない。アメリカですら、個人、財団、企業すべての寄付総額は、国全体の非営利組織収入のわずか一〇％にすぎず、政府の社会福祉支出全体からみればごくわずかの割合を占めるのみである(5)。

社会起業家の台頭

これまで概観してきた発展に大きく貢献した第三の需要要因は、社会起業家という、拡大しつつある新たな社会勢力の登場である。社会起業家は、ジャーナリストのデビッド・ボーンスタインが「たゆまざる人々」と名づけたように、主要課題解決に向けた想像力あふれる新アイデアに夢中になり、「自身のビジョンを執拗に追求して、自分たちのアイデアを世界の隅々に広めるまでは決してあきらめない」人々である(6)。

彼らが登場した理由と時期を、確信を持って特定することは難しいが、おそらく発端は、①世界的な教育の普及により、今までは考えられなかった場所に大規模な高学歴専門家集団が生み出されたこと、②「グローバル非営利組織革命（Global Associational Revolution）」が、社会変革志向の非政府組織（NGO）の広範な増加をもたらし、この高学歴専門家集団の一部を取り込めるようになったこと、[7]③技術革新という胸躍るメッセージを携えたドット・コム企業が爆発的に拡大し、成功の機会が劇的に変化したこと、④新たなコミュニケーション技術と、フィランソロピー市場の需要サイドの新アクターの発掘・育成に数十年を費やしてきたアショカのようなインフラストラクチャー組織が、ネットワークの機会を作り出したこと、などだろう。原因はともかく、結果的に、今まで解決不能と思われていた人々のニーズを具体的で実現可能なソリューションに翻訳するメカニズムが生み出された。さらに、このソリューションは、誰の目にも明らかな成果を生み出し、社会的意識の高い新たな投資家グループの注目を集めるようになったのである。[8]

マイクロクレジットはこの発展の最先端に位置しており、二〇一〇年までの三五年間に、独自のマイクロファイナンス投資ファンド・ネットワークを有する六五〇億ドル規模の産業へと急成長した。この事実は、多くの社会起業家のインスピレーションの源泉となっている。実際、正真正銘の「第四セクター」が、世界中に台頭している。これは、既存のリソースから社会的価値を生み出す新たな手法を見出した社会的意識の高い個人からなるセクターで、恵まれない人々の生活に真の変革をもたらそうとしている。[9]彼らは、経済的に恵まれない層が求める飲料水やメガネ、生理用品、住居、健康保険、太陽光パネル、基礎教育、携帯電話、その他多数の製品・サービスを安価に提供し、あるいはこの経済的に恵まれない人々が作った製品を他の市場に販売する。

社会起業家には、ビジネスを成長させるための資本が必要である。このニーズは非常に大きい。ある推計によると、開発途上国の三億六五〇〇万〜四億四五〇〇万に上るマイクロ企業・中小企業のうち七〇％が、外部資金を必要としているにもかかわらずこれを利用できていない[10]。これら開発途上国の社会的企業は、GDPの三分の一と雇用の四五％を生み出しているが、総額二・一兆〜二・五兆ドルと推計される資本需要は充たされていない。この推計は、ボトム・オブ・ピラミッドに従事するビジネスの潜在的な資本需要が五分野（住居、水、母体の健康、基礎教育、マイクロファイナンス）のみで四〇〇〇億〜一兆ドルあるという以前に引用した推計に酷似している[11]。

社会起業家はニーズを明らかにし、それを具体的な事業に翻訳する。

一言でいえば、膨大な数の人々が経済、環境、身体、社会面での災厄の一歩手前で暮らしているという現実が、ますます多くの革新的な社会起業家の関心を惹きつけているのである。彼らは、既存の資源を組み合わせて低価格の製品やサービスを生み出す新手法を見出しつつあるが、利用できる政府資金も従来型の民間フィランソロピー資金も限られているという状況に直面している。このような現実が、これまで見てきたような、フィランソロピーのニューフロンティアと社会的インパクト投資に台頭した新たなツールとアクターへの巨大な需要を生み出したのである。

2　供給要因

しかし、投資資本への需要が大きく拡大し、他の様々な形態のフィランソロピー手法が革新されたとしても、それだけでこの需要が充たされる保証はない。逆に、ニーズと資金源とのミスマッチは、近年特に強まっているとはいえ、決して新しいものではないのである。これだけで、我々が今まで見てきたアクターとツールの近年の目覚ましい台頭を説明することはできない。需要は、せいぜいこれら発展の必要条件でしかなく、十分条件でないことは確かである。十分条件としては、供給面の要因も同様に必要である。今日の状況に特徴的な点は、こうした供給面の要因が浮上してきたのみならず、過去一〇年程の間に急速に拡大したことである。なぜ、そうなったのだろうか。

初期の対応者と誘因

一つの重要な要因は、明らかに、初期の社会起業家の資本ニーズに最初に大胆に対応した者たちである。彼らは、まずグローバル・ノースの先進地域に登場し、次いでグローバル・サウスにも現れた。彼らの努力により、住宅供給の未整備、社会的サービスの停滞、雇用機会の欠如などの諸問題を抱えるコミュニティでも、こうした大規模問題を解決する想像力豊かで実行可能なアイデアを見出すことは可能であり、しかも、先行投資者の元本を最低限保証し、しばしばそれなりのレートの資金リターンの提供も可能かもしれないという考えの妥当性が、表面的には確立されたのである。これによって、フィランソロピー資金のみならず現実の民間投資資本も、こうした問題解決の試みに呼び込む可能性が開かれた。

民間資金をこれらベンチャーに招き入れようという初期事例のいくつかはアメリカの住宅分野にみられる。ここでの重要な要素は、政府の政策担当者が提供した一連の誘因だった。この一つは、一九六九年税制改革法における助成財団ペイアウト要件条項である。この条項によって、助成財団は、営利ベンチャーへのプログラム関連投資（program-related investments：PRIs）（用語解説参照）を行う際、これが財団の基本目的促進という観点から妥当だと認定されれば、この投資をペイアウト要件の助成事業に算入してもよいことになった。引き続き、一連の他の諸方策も導入された。これらは、①一九七七年のコミュニティ再投資法（Community Reinvestment Act：CRA）を通じて、あるコミュニティで市中銀行が大規模に預金を集めようとする際、そのコミュニティの経済的に恵まれない人々への貸し出し額を拡大するよう誘導、②一九八六年の低所得者用住宅税額控除（Low-Income Housing Tax Credit：LIHTC）を通じて、低所得者用住宅向けの民間投資に税額控除を提供、③一九九四年のリーグル・コミュニティ開発・規制改革法（Riegle Community Development and Regulatory Improvement Act）を通じてコミュニティ開発金融機関（用語解説参照）のネットワークを育成し、これによって、銀行、保険会社、その他機関の資金が、コミュニティを基盤とする住宅提供やコミュニティ開発努力へと流れ込むよう誘導、などである。

これら諸施策が一体となった結果、全米の貧困地域の低所得者向け住宅建設やコミュニティ開発事業分野に巨額の民間投資資本が流入し、社会目的活動への民間投資資金活用の分野で経験豊かな専門家や諸機関が育成されることになったのである。[12]

さらに、地元イニシアチブ支援機構（Local Initiative Support Corporation：LISC〔訳注：原著ではLow Income Support Corporationと表記されている〕）やエンタープライズ財団のような中間支援組織が登場し、低所得者向け住宅やコミュニティ開発事業のディベロッパーを資金提供者につなぐ役割を果たした。

これ以外の初期対応者としては、①社会的責任投資信託会社のカルバート・インベストメント、フォード財団、マッカーサー財団、チャールズ・スチュワート・モット財団などからなるコンソーシアムにより一九八八年に設立されたカルバート財団、②ロックフェラー財団の支援で二〇〇一年に設立されたアキュメン・ファンドなどがある。両機関ともに、我々が以前に社会的投資仲介機関と名づけたアクターの初期の事例で、社会的投資家・機関から調達した資金をアメリカや世界の有望なソーシャル・ベンチャーに投じている。カルバート財団は、現在、全米五〇州および世界一〇〇カ国で活動するコミュニティ組織二五〇団体を対象に、二億ドル近い投資を行っている。アキュメン・ファンドは六九〇〇万ドルの投資資本を調達して八カ国六三団体のソーシャル・ベンチャーに投資し、推計五万五〇〇〇人の雇用を生み出している。[13]

彼ら初期対応者たちは、アメリカで育まれたコミュニティ開発金融機関のネットワークや、アメリカ以外の類似のコミュニティ開発投資ビークルなどと手を携えて、発展途上にあった社会的企業向けファイナンスのために重要な資本を生み出した。のみならず、彼らは、少なくとも同じだけ重要なもの、すなわち、有望なイノベーションに関する初の成功実績と、貧困と不遇から抜け出す新たな道筋を切り開く経験豊かな支援者集団も生み出している。アキュメン・ファンドの言葉を借りれば、「開拓者精神に満ちた事業家」が開発し、「伝統的な金融手法では受け入れられないリスク／リターン・プロファイルを進んで引き受ける投資家」が支援する、「想像力豊かなビジネス・ソリューション」が生み出されたのである。[14] さらに、彼らは他国の政策革新のプロトタイプの役割も果たした。たとえば、イギリスは、二〇〇二年にコミュニティ投資減税制度（Community Investment Tax Relief Scheme）を導入し、アメリカに類似したコミュニティ開発金融機関を育成している。

「イデアが此岸を司る」――プラトン

新たなコンセプト――ボトム・オブ・ピラミッドの富

しかし、これら初期対応者の仕事に推進力を与えたのは、供給面における第二の重要な発展だった。しかも興味深いことに、それはイデアの領域に生じた。実際、「イデアは此岸を司る」というプラトンの言明が真理であることを改めて証明することになったわけだが、近年の社会目的活動向けファイナンスの革命をもたらした最も重要な要因の一つは、貧困の原因とその克服手法に関するコンセプトの再編だった。このコンセプト再編の先陣を切ったのは、ノーベル賞受賞者のムハンマド・ユヌスの手で広く一般の関心を引くことになったマイクロファイナンス産業だが、さらにそれは、C・K・プラハラードによって強力な知的潮流へと変容していった。

多くの点で、マイクロファイナンスは昔からおなじみのストーリーである。それは、一八世紀にジョナサン・スウィフトがアイルランド貸付基金を設立した際に歴史上初めて登場したが、その後、何度も忘却されてきた。しかし、一九七〇年代に、バングラデシュとその他地域における小規模貸付の新手法として再登場した時、マイクロファイナンスはコンセプト面で根本的なブレイクスルーを達成した。この結果、貧者は負債ではなくリソースを意味しており、しかも適切にアプローチすれば成長と富を生み出しうるリソースであることが明らかとなった。マイクロファイナンスの場合、この適切なアプローチとは、生活環境の改善を願う無学で貧しい農村女性グループに、仲間内圧力（Peer Pressure）という形のリソースを認めることだった。仲間内圧力は、物的担保や資産担保がない場合の代替として、少額リボルビング貸付基金を保証する。これによって、徐々に、グループの女性たち一人一人が、何らかの形で収入をもたらすマイクロエンタープライズを設立し、利子付きでローンを返済しつつ経済的自立に向けた道を歩むことができるようになったのである。

貧困層はリソースを意味するというコンセプトを最終的に離陸段階にまで引き上げたのは、一冊の本だった。

このコンセプトを最終的に離陸段階にまで引き上げたのは、ムハンマド・ユヌスと彼が設立したグラミン銀行がもたらした国際的な認知、あるいはACCIONインターナショナルやKivaなどの初期の多くの社会的投資仲介機関がもたらした金融面の拡大だけではない。それは、ミシガン大学で企業戦略を専門とするインド出身のC・K・プラハラード教授が書いた一冊の本だった。『ボトム・オブ・ピラミッドの富』（邦訳：スカイライト・コンサルティング訳『ネクスト・マーケット　増補改訂版――「貧困層」を「顧客」に変える次世代ビジネス戦略』英治出版、二〇一〇年）と大胆に題された二〇〇四年の著作でプラハラードが論じたのは、マイクロクレジットの成功をもたらした現象は、農村住民グループに対する小規模貸付のみに限定されず、むしろ極貧状態で生活する人々が必要とする幅広い製品やサービスの提供にも適用可能であること、また、これら製品やサービスは、極貧層が現在支払っているよりもはるかに手頃な価格で提供できるし、投資家や事業家にも利益をもたらしうること、の二点である。(15) この錬金術が可能となるのは、ボトム・オブ・ピラミッド（Bottom-of-the-Pyramid：BOP）の消費者に課せられた「ペナルティ」のためであることをプラハラードは明らかにした。そのロジックは以下の通りである。すなわち、まず極貧層の居住地域に財とサービスを配達するのは困難で危険なため、価格低下をもたらすはずの競争が不在となる。この結果、BOP消費者は、自分たちが消費する商品に対し、富裕層より割高に支払うことを余儀なくされる。貧困層が多様な製品ニーズを持ちながらしばしば割高な価格を支払っているという状況の中、聡明な事業家は、貧困層にも手が届く製品と流通経路をデザインすることによって、この「ボトム・オブ・ピラミッドのペナルティ」を逆手にとり、BOP居住者の生活状況と経済展望を改善しつつ、事業コストをカバーして一定の利益をあげることを可能にするのである。

新たなプレイヤー／新たな発想

「ボトム・オブ・ピラミッドの富」のアイデアの具体化と軌を一にして、第三に重要な供給要因が発生した。それは、フィランソロピー界の戸口に現れた新たなアクターたちである。彼らは、マシュー・ビショップとマイケル・グリーンが「フィランソロピー資本家（Philanthrocapitalists）」と名づけた、全体的に若い、ドット・コム産業の百万長者や億万長者で、人生の比較的早い段階で膨大な富を獲得し、ビジネスとは異なる領域への富の還元と価値創出の手法を求めてフィランソロピーに向かった者たちである。マイクロソフトの日々の業務から退き、巨大財団を設立して貧困・疾病などの世界の諸問題解決のために精力と知力を傾けるという大胆な決断を下したビル・ゲイツは、疑いの余地なく、この分野の生けるイコンである。eBayの創設者でソーシャル・ベンチャー運動の初期の支援者であるジェフリー・スコールとピエール・オミディヤは、この同じ事象のもう一つのモデルである。フィランソロピー銀行としての活動を望む財団がモデルとするKLフェリシタス財団を設立したチャーリー・クライスナーも同様である。[16]

こうした新進フィランソロピストのグループは、クライスナーの言葉を借りれば「自分たちが生み出した富を使って意義のある何かをしようという深い責任感」に突き動かされているだけでなく、ビジネス世界に地位を築くことを可能にしてくれた起業スタイルを新たな社会的活動に導入しようという情熱も持っている。[17] このため、彼らの多くは、伝統的なフィランソロピーあるいは少なくとも彼らが伝統的なフィランソロピーだと認識しているものには満足せず、これを変革して、「『戦略的』で、『マーケットを意識』し、『インパクト志向』で、『知識集約型』で、しばしば『高度の関与』を行い、ドナー資金の『レバレッジ』最大化という目標に突き動かされている」フィランソロピーを生み出そうと固く決意している。[18] マシュー・ビショップとマイケル・グリーンが述べているように、彼らは、「起業精神に富んだ『フィランソロピー起業家（Philanthropreneurs）』として、社会問題に革新的なソリューションをもたらす社会起業家を支援することを愛し」、現代企業ファイナンスに特徴的なダイナミズムとレバレッジの可能性に着目して、そのいくつかをフィランソロピー世界に導入することに満足を感じる。実のところ、彼らは、このファイナンス手法にかなりのこだわりすら持っている。

しかし、フィランソロピー資本家に転身したドット・コム産業の百万長者だけが、この領域への信仰に目覚め、世界の諸問題に目を転じて相応の才能と資金を投じようと決意した訳ではない。人口統計学者は、X世代（一九六一〜一九八一年に生まれた者たち）とミレニアム世代（一九八二〜二〇〇一年の間に生まれた者たち）という二つのまったく新しい世代グループにも同様の心情を見出している。団塊世代の親たちと異なり、子供世代は、仕事と仕事を離れた人生とのバランスを求め、非常に強い情熱と理想主義を示す者の割合が高い(19)。

新世代のビジネス・スクールの学生たち全員が、社会的企業と社会的インパクト投資の熱狂に取りつかれてしまった。

この人口統計学的な一般化の真偽はともかく、新世代のビジネス・スクールの在学生と卒業生の相当数が、社会的企業と社会的インパクト投資の熱狂に取りつかれ、収入最大化のみを目指すキャリアを避けて、社会目的次元で意味のある活動に自分たちのビジネス・スキルを活用しようとしていることは確かである。この現象を明確に示している事例の一つがネット・インパクトである。ネット・インパクトは設立後二〇年を経た若い専門家たちの組織で、自分たちは「世界の最も困難な問題に取り組むために仕事を活用する三万人以上のチェンジ・メーカーのコミュニティであり、経済だけでなく人と地球のボトム・ラインにも利益をもたらす**真のインパクト**（net impact）の達成は可能であることを提示する」と説明している(20)。グローバル化した世界に特徴的なことだが、ネット・インパクトもグローバルに存在感を示しており、学生と専門家からなる支部は全世界三〇〇カ所に上っている。

皮肉なことに、二〇〇八年のグローバル金融メルトダウンとこれに続く経済不況が、さらに強力にこうした心情を後押ししているように思われる。当時、各界の個人富裕層も一般個人投資家たちも等しく、富のかなりの部分をほぼ一夜にして突然失ってしまうという事態に陥った。この経済的インパクトはともかく、心理的インパクトは多くの人にとって等しく根本的な発想の転換を促すものだった。もしも富がそれほど急激に消失しうるのであれば、たぶん、富の蓄積は、人生の最高の目標ではないだろう。少なくとも富の一部を使って世界に役立てば、人としての充足感というより本物の価値が入手できるだろう。少なくとも元本を保持し、相応のリターンも生み出せるのであれば、さらに満足度は高まるだろう。

現時点では、どの程度、金融危機後にこうした心情が表面化したかを判断するのは難しいが、金融危機後に個人富裕層のファミリー・オフィスや投資アドバイザーの間で社会的インパクト投資に対する関心が急浮上したことは、金融危機がある種の役割を果たしたという考えと確実に符合している。さらに、ウォール・ストリートや「シティ」、その他の金融センターで生じた混乱によって、何千人もの熟練した金融専門家たちが、ある者は自発的に、ある者は意に反して職を離れ、他のキャリアを考えなければならなくなったという状況も、現実問題として、専門知識をもった人材の供給拡大という形で貢献した。これら熟練専門家の多くは、プレッシャーが大きく迅速にリターンを確保しなければならない金融業界での経験で消耗しつくしていたため、人としての充足感を生み出してくれる職場で自分の能力と知識を使って働くことができる機会を望んでいたのである。はたして、彼らの多くは、当時成長しつつあった社会的投資仲介機関への道を歩んだ。

この発展を象徴的に示しているのが、パシャ・バクティアルのキャリアである。パシャ・バクティアルは、一九九八年に伝統的な投資銀行の世界に入ったスイス出身の研究者で、ＭＢＡ取得後、二〇〇七年には「機関投資家」誌から「資産管理の希望の星（Rising Star in Wealth Management）」賞を受賞するなど、この高収入業界で成功したキャリアを歩んでいるようにみえた。しかし、二〇一〇年のグローバル金融危機後、バクティアルは伝統的な投資銀行の世界に背を向けてウィロー・インパクト・インベスターズを共同設立した。これは、彼自身の言葉を借りれば「営利面での責務を果たしつつ、持続可能で明白に成果がある社会・環境的インパクトの創造にコミットする」営利会社のために、投資資本を募集する社会的インパクト投資会社である。[21]

> **金融危機は……社会的インパクト投資の訴求力を高めた。**

金融危機――限定されたオルタナティブ投資

金融危機とこれに続く不況は、はるかに直接的に社会的資本市場の供給面に貢献した。すなわち、金融危機は、社会的インパクト投資をその時点で投資可能な対象のなかで最も高収益をもたらす投資に変容させることで、その訴求力を高めたのである。もちろん、金融危機がもたらしたのは、社会的インパクト投資のリターンの引き上げではなく、他の投資タイプのリターン価値の引き下げである。グローバル株式市場が停滞し、金融業界が急速な資金引き出しを経験し、米国債から定期預金までのあらゆる金融商品の利子率が歴史的低水準に急落する中、社会的インパクト投資は、三〜四％のリターン率や、以前には称賛の的だったジャンク債やデリバティブ商品に匹敵するデフォルト率を提供することで、利用できる最も魅力的な投資オプションの一つとなったのである。低リターン問題の多くは四年以上続いた。かくして、二〇一三年は「疲弊投資家シンドローム」に苦しむ資産運用マネージャーや投資家の不満と共に明けた。マネー・マーケット口座はかろうじて〇・五％の利子しか生み出さず、二年物定期は一％以下、一〇年物米国債は二％以下、グローバル株式市場はわずかに五年前の水準に回復した程度という状況だったのである。(22) 社会的投資分野における二〇一〇年の二五億ドルの投資はもちろん、二〇一一年の四四億ドルの投資についても、その投資動機の少なくとも一部は従来型投資で得られるリターンとの比較考量に基づいていただろう。特に、J・P・モルガンのように尊敬されている投資会社が、関連する市場ベンチマークに沿った形で社会的インパクト投資の期待収益率と実現収益率の双方を報告した影響は大きい。(23)

インフラストラクチャー

最初の対応者と新規参入者の実績を踏まえ、フィランソロピーのニューフロンティアを支えるインフラストラクチャーを構築しようという努力がまとまった形で始められた。前述のように、すでに二〇世紀から二一世紀への転換点で、活発なインフラストラクチャー機関グループがこの分野に登場していた。オポチュニティ・ファイナンス・ネットワーク、社会的投資フォーラム（Social Investment Forum：SIF）、貧困層支援コンサルティング・グループ（Consultative Group to Assist the Poor：CGAP）、プログラム関連投資実践者ネットワーク、モー・フォー・ミッション、マイクロファイナンス・インベストメント・エクスチェンジ、国際マイクロファイナンス投資家協会（International Association of Microfinance Investors：IAMFI）などは、社会的投資分野の新たなアクターとツールの促進のために、過去一〇〜二〇年間に設立された団体のごく一部にすぎない。

こうしたインフラストラクチャー組織の氾濫にもかかわらず、ロックフェラー財団が二〇〇七年から二〇〇八年にかけて開催した一連の主要会合に招かれた財団、開発機関、民間金融機関のグループの考えはこれと異なっていた。彼らは、これらの互いに異なる多様なイニシアチブを一つの共通の傘のもとに結集し、ある著者たちが「コーディネーターなきイノベーション」と名づけた状況を乗り越えてこの分野を前進させていくには、より広範な領域構築努力がまだ必要だという結論に達したのである。[24] この結果、二〇〇九年にグローバル・インパクト投資ネットワーク（Global Impact Investing Network：GIIN）と呼ばれる新たなインフラストラクチャー組織が設立された。これは、ロックフェラー財団、J・P・モルガン、米国国際開発庁から相当な資金提供を受けての設立だった。

GIINに与えられた課題は、鍵となるインフラストラクチャーの創設、事業手法の改善、共通言語の確立、領域構築に向けた調査の促進などを通じて、社会的インパクト投資の発展を加速させることだった。前述のように、この課題を実現するために、ＧＩＩＮは、①世界中の指導的インパクト投資家で構成される「投資家協議会」を設立、②社会的インパクト投資家が投資の社会的達成度を測定できるよう、インパクト報告・投資基準（Impact Reporting and Investment Standards：IRIS）という広範な指標群を開発、③類似の分野・地域で活動しているファンド間の協働を促進するため、「インパクト・ベース」というインパクト投資ファンドのオンライン・データベースを設立、④この分野の認知度向上と発展促進のため、様々なアウトリーチ活動を実施、などを行った。なお、アウトリーチ活動には、社会的インパクト投資の「アセット・クラス」としての確立と、固有のスキル要件、組織構造、測定基準、職業集団、教育機会などの開発を目指した調査の実施も含まれていた[25]。

テクノロジーは、資本を必要とする社会起業家のまさに玄関先まで効果的に資本を供給することを可能にした。

テクノロジー

ここまで時系列的にたどってきたフィランソロピーのニューフロンティアの誕生と成長は、過去二〇年間のコミュニケーション・テクノロジーの進展によりさらに強化されてきた。

テクノロジーは、資本を必要とする社会起業家のまさに玄関口まで効果的に資本を供給することを可能にし、また、カルバート財団やアキュメン・ファンドのような組織が、わずか二〇ドルの少額寄付から巨額の投資ポートフォリオを構築することも可能にした。さらに、新たなテクノロジーは、ボトム・オブ・ピラミッドのペナルティの主要原因の一つだったＢＯＰ消費者へのアクセスも大幅に緩和し、この過程で、以前に比べてはるかに現実的で多様なＢＯＰビジネスモデルも提供した。たとえば、クレイグ・チャーチルとローレン・ピーターソンが示しているように[26]、携帯電話、スマート・カード、新決済システムなどのテクノロジーを利用することで、マイクロ保険事業者は、大規模なＢＯＰマーケットに手を広げることができるようになりつつある。同様に、Ｋｉｖａやネットワーク・フォー・グッドのようなオンライン寄付・投資サイト（用語解説参照）も、テクノロジーの進展がなければありえなかっただろう。

3 要約

一言でいえば、フィランソロピーのニューフロンティアに生じている近年の変化は、一時的な流行以上のものだと信ずるに足る十分な根拠がある。現時点でも、発展を生み出す複数の重要な潜勢力が機能している。さらに、この潜勢力は、この進化途上にある市場の需要・供給の両面でも働いており、現在進行中の諸変化に対する強力な需要を生み出すとともに、この需要を満たす才能と財源の双方の供給も促進している。

確かに、この潜勢力のいくつかは一時的なものである（たとえば、ある時点でグローバル・マーケットは大幅に正常化するという希望的観測はあり得る）。しかし、他の潜勢力はより持続的にみえる。たとえば、それは、BOPマーケットに対する新鮮な興奮、基本財産の運用を通じたレバレッジ拡大に対する財団の関心、社会・環境問題解決における新たな取り組みやこの分野で積極的な役割を担う新たなアクターたち、社会的インパクト投資のアセット・クラスとしての成熟などである。

しかし、この一つとして、発展の前途にまったく障壁がないということを意味してはいない。逆に、重大な困難が残っているのである。今や我々はこうした課題に向かわねばならない。

第5章　残された障壁

ここまでの議論では、フィランソロピーのニューフロンティアと社会的インパクト投資で生じている変化がもたらす潜在的帰結について、非常にポジティブな姿を描いてきた。またそれ以上に、この変化に推進力と持続性を与え、世界中の何百万もの恵まれない人々の生活に大きなブレイクスルーをもたらす可能性を広げるだろういくつかの基本要因も説明してきた。

無視できない障壁が、まだフィランソロピーのニューフロンティアの発展の前に立ちはだかっている。

しかし、どんなに透徹した視点をもってしても、こうした発展の前にまだ立ちはだかっている無視できない障壁の存在を認めることなしに、その評価をさらに遠くまで進めていくことは不可能だろう。これらの障壁は多様だが、特に次の五つの障壁の存在を認め、最終的にこれと対峙することが重要である。

1　五つの障壁

どんな善行にも問題はある――フィランソロピーのニューフロンティアの道義的含意

第一に、社会目的資金の分配に関する意志決定責任の中心が、助成財団や政府事業の担当者から民間セクターの投資マネージャーへと移行し、これに伴って投資への重点化や評価指標の重視などが進展すれば、資金配分面で何らかの帰結をもたらさずにはおかない点を認識することが重要である。単純化すれば、社会目的領域における責任の所在や資金配分の基準の変更に伴って、勝者と敗者が誕生するだろうということである。フィランソロピーのニューフロンティア推進者の主張と異なり、これら諸帰結のすべてが、社会目的活動の目標にとって最善だという訳ではない。

マイク・エドワーズが我々に思い出させてくれているように、(1)パフォーマンス評価指標は、ある特性を持った介入活動をそれ以外の活動に比べて優遇するが、必ずしもその介入活動が最大の社会的インパクトをもたらす訳ではない。たとえば、インパクト評価指標は、その性格上、短期間のものになりがちで、一～二年を超えることはめったにない。しかし、重要な社会的変化には五年や一〇年の期間が必要である。我々は本当に、長期的変化を達成する可能性が最も高い取り組みを組織的に不利に扱うような評価体制に縛られたいのだろうか。

恵まれない人々の生活を最も深いレベルで改善してきたのは、特定のサービスを提供する活動ではなく、不平等な権力構造と経済機会障壁を撤廃しようという活動である。

さらに加えて、フィランソロピーのニューフロンティアにおいて投資への重点化と評価指標の重視が進展すれば、医療保険、食料品、電気などを人々に提供するサービス活動が有利になる。しかし、過去の経験に照らせば、恵まれない人々の生活を最も深いレベルで改善してきたのは、特定サービスを提供する活動ではなく、不平等な権力構造と経済機会の障壁を撤廃しようという活動である。このために必要とされるのは、サービス活動ではなく、精力的なアドボカシー活動である。これが、たとえばアメリカの公民権運動から得られる教訓である。公民権運動組織は、住居、必要な医療保険、教育などをアフリカ系アメリカ市民に提供する活動は行わなかった。この点からみれば、公民権運動組織は、成功の基準として社会的インパクトの具体的成果にこだわる社会的インパクト投資家にはほとんどアピールできなかっただろう。しかし、真実は、公民権運動組織が何百万ものアフリカ系アメリカ市民にもたらした生活向上機会の究極的インパクトの方が、強力だがせいぜい四年の業績しかない限られた範囲のサービス提供活動をすべて合わせたものよりも勝っていたのである。見識ある財団や良心的な個人が、アフリカ系アメリカ市民に機会の扉を開こうとするアドボカシー・キャンペーンを進んで支援してくれたのは幸いだった。それ以来、多くのアフリカ系アメリカ市民が、この扉をくぐって歩みを進めている。抑圧的な権力構造と経済機会の障壁を打ち砕くためには、まだまだ同様のアドボカシー活動が必要とされているのに、「フィランソロピーのニューフロンティア」現象が生み出したあらゆる誇大広告と熱狂のために、多くの関心と資金がアドボカシー活動から奪い去られてしまうのだろうか。社会的インパクト投資の推進者は、社会変革運動を推進していると主張しているが、もしも彼らがこのジレンマにきちんと向き合わなければ、まさにこの社会変革運動と衝突する可能性がある。

社会的インパクト評価という難問

市場を通じて社会的目標を追求すれば必然的にミッション変容リスクが生じる。このリスクから身を守る一つの方法は、投資の際、金銭的目標のパフォーマンス基準とすべての点で同程度に厳格な社会的目標のパフォーマンス基準をビルト・インしておくことである。新たな社会的インパクト投資運動を推進している人々の名誉のために弁護すると、すでに彼らはこのような社会目的パフォーマンス基準の必要性を認識しており、この開発のために多様な試みを始めている。しかし、こうした試みは、今のところ、この分野の傑出した指導者であるブライアン・トレルスタッドが言っているように、まだ「見果てぬ夢」にとどまっている。(2) 金銭的、社会的、環境的要素のすべてを包含する「混合価値」や混合リターンというコンセプトが持つロジックには打ち勝ち難い魅力があるが、フィランソロピー目的投資の混合リターンを測定できる信頼性の高いツールはまだ存在しておらず、様々な社会介入活動の混合リターンを分野横断的に比較するツールもまだ存在していないため、このコンセプトは力強いけれど単なるメタファーにとどまっている。

現在までの作業の多くは、社会・環境・金銭面の潜在的パフォーマンス指標に共通する分類法を定式化することに焦点を当ててきた。これらの分類法の中で最も野心的なものは、グローバル・インパクト投資ネットワークがロックフェラー財団の支援を受けて開発したインパクト報告・投資基準（Impact Reporting and Investment Standards : IRIS）である。この分類は、社会的インパクト投資家が社会・環境・金銭面での投資パフォーマンスを示すことができる四〇〇以上の指標を包含している。しかし、前述した通り、社会的パフォーマンス指標があまりにも多すぎるというジレンマがあり、このため、パフォーマンス測定システムは、すべての子供たちが勝者として自宅に持ち帰ることができるほどに十分な数の賞を用意した小学校のお絵かきコンテストの審査のようになってしまっている。

この問題を回避するため、ＩＲＩＳの開発者は、いわゆるベネフィット・コーポレーション法人格の確立・促進活動を行っているＢ-Ｌａｂという非営利組織と組んで、社会的インパクト投資と投資家の格付システムを作り出した。[3] グローバル・インパクト投資格付システム（Global Impact Investing Rating System : GIIRS）と呼ばれるこのシステムは、四つの主要領域——企業統治、従業員の待遇、環境インパクト、コミュニティ活動（サプライ・チェーン・マネジメントと労働者のダイバーシティ確保を含む）——におけるパフォーマンスに着目し、五〇から一二〇の加重値をそれぞれ付した質問項目に対する回答に基づき算出した複合スコアを付与することによって、会社の格付けを行う。[4] 社会的責任投資・

購入運動の一部として様々な企業の社会的責任報告システムが作られているが、グローバル・インパクト投資格付システムはこれとよく似ている[5]。

信頼に足る社会的インパクト測定手法の定式化は、よくても「未完成品」状態にとどまっている。

これらの発展は前途有望だが、ほとんどの論者はブライアン・トレルスタッドと同意見で、信頼に足る社会的インパクト測定手法の定式化は、ある著者の表現を借りれば、よくても「未完成品」状態にとどまっている[6]。さらに付け加えれば、非財務面でのパフォーマンス測定手法は、ごく限られた投資家の間でしか受け入れられていない。ベン・ソーンレイとコルビー・ダイレイが二〇一〇年の著作で明らかにしたように、年次報告書における大半の投資家の非財務的パフォーマンス報告は、仮に報告されていたとしても紋切り型のものが大半を占めている状況にあり、「エビデンスが限られている」[7]。ニック・オドノヒュー他が「インパクト投資家」グループを調査した結果も同様で、調査対象者のうちわずか二%しか第三者機関のインパクト評価システムを使用しておらず、残りはせいぜい独自システムか投資先の自己評価システムを使っているという状態で、まともな非財務的パフォーマンス報告は欠如していることが判明している[8]。

非財務的パフォーマンス測定が、複雑で費用もかかり主観的でしかないことを考えれば、これは十分に理解できる。しかし、こうした状況は、この分野を誤った方向に導く可能性がある。私は他の論考で「Ｇｏｏｇｌｅ的手法」と名づけたアプローチを提案したことがあるが、社会目的活動を詳細にフォローしている論者の多くは、このインパクト測定アプローチを支持してくれている。「Ｇｏｏｇｌｅ的手法」とは、ユーザーを重視し、投資が向かう先の受益者に質問することでインパクトを評価しようというものである。[9]この逆に、社会的インパクト投資の著名な専門家たちは、社会的インパクトのパフォーマンス測定システム構築にあたって、「投資家中心的」アプローチを提案している。しかし、このようなアプローチを取る限り、社会的インパクト投資は、偽りの社会的インパクト主張に脆弱なままだろう。また、標準的な財務パフォーマンス測定が、これよりも不確実で経費のかかる非財務的パフォーマンス測定をしのぐようになるため、結果的に社会的インパクト投資分野に重大なミッション変容が生じる可能性があるが、これに対しても脆弱なままだろう。実際、社会的企業の分野では、すでにこのプレッシャーの証拠がある。アメリカのソーシャル・ベンチャー二五団体を対象とした近年の調査によると、二二団体が、自分たちのミッションと企業ステイクホルダーからの要求との間に「重大な相反」を経験したことがある。また、金銭面で最も成功した二団体は、アドボカシーに充てる時間の削減、真に支援を必要とするためにコストが最もかかってしまうクライアントの排除、最も収入獲得の見込みがある活動への集中などを行うことで、自分たちの社会的ミッションから大きく逸脱してしまったと報告している。[10]

まだ小規模な専門特化型ビジネス（Boutique Business）

社会的インパクト投資の推進者は、その社会的インパクトの要諦を懐疑派に説得的に提示できないという難問に直面しているが、これをまったく離れてみても、主要顧客層である、年金基金、保険会社、ソブリン・ウェルス・ファンド、大企業等の主流機関投資家への「売り込み」に成功しているとはいえない[11]。確かに、重要な進展はみられる。J・P・モルガン・ソーシャル・ファイナンスとグローバル・インパクト投資ネットワークが集めた最新のデータによれば、二〇一二年の新規インパクト投資は概算で八〇億ドルとなっている。これは二〇一一年の四四億ドル、二〇一〇年の二五億ドルからみると大幅な増加である。さらに、二〇一四年には、九一億ドルに増加することも見込まれている[12]。その上、今までの議論が示しているように、新たな資金仲介団体が、よりグローバルな規模で形成されつつある。

社会的インパクト投資運動は、主要顧客層、すなわち主流機関投資家への売り込みに成功しているとはいえない。

この進展には目覚ましいものがあるが、しかし、八〇億ドルという数字は、米国市中銀行の総資産一四兆四四二〇億ドルの〇・〇五％以下、投資信託の総資産七兆九六三〇億ドルの〇・一％以下、年金基金の総資産六兆八〇〇億ドルの〇・一％をわずかに上回るにすぎないということは記憶にとどめておいた方がよいだろう[13]。しかも、これはアメリカの資本市場のみの数字なのである。二〇一三年九月に出された世界経済フォーラムの報告は、この基本的なポイントを確認した上で、世界の主流資本市場への社会的インパクト投資の浸透がまだ限定的であるために、社会的インパクト投資運動が「誇大広告」や一時的な流行にすぎないというレッテルを貼られる恐れがあると分析している[14]。

低所得者用住居やコミュニティ開発金融の推進者は、資産担保型証券という非常に有望なツールを活用して弱体化したコミュニティの再活性化活動に資金を提供することを夢見てきたわけだが、メアリー・ティンガーサルの報告によれば、現時点ではこの夢は「ほとんど現実化していない[15]」。多くの民間セクター資金を引き付けてきた国際マイクロファイナンスの領域でさえ、デット・インスツルメントの「証券化」（用語解説参照）を通じて資金をレバレッジできる能力はまだ初期段階である。国際的にみても、マイクロファイナンス・ローン貸付機関への資金再注入を目的に、投資家に売却可能な形に組成されたデット・インスツルメントは、マイクロファイナンス投資仲介団体が保有するデット・インスツルメント総額四二億ドルのわずか一二％、全マイクロクレジット貸付残高の一％以下にすぎない。

「持続可能で責任ある投資」の一部は、一定の環境、社会、ガバナンス（ＥＳＧ）基準を投資に適用しようという団体を網羅しており、規模もより大きい。最新のデータによると、アメリカでは、この投資審査基準に基づき三兆七〇〇〇億ドルの資産が運用されている[16]。しかし、これは社会・環境目的のための資産活用という点では、極めて積極性を欠いた形態である。とはいえ、これはアメリカの金融機関の金融資産総額の二・六％という、ささやかではあるがそれなりの割合を示している。

拡大が緩慢な理由を見つけ出すのはそれほど困難ではなく、当初から認識されていた。諸文献でよく取り上げられている要因としては、多くの社会的企業が比較的未成熟であること、経営陣の多くが未経験であること、投資ビークルのいくつかがまだ目新しいこと、検証済みのエグジット機会が不足しており投資の流動性をめぐる不確実性が大きいこと、などが挙げられる。これに加えて、避け難いカントリー・リスク、為替レート・リスク、高い取引費用、投資リターンについての明確なデータの不足なども挙げられるだろう。このようにみてくると、社会的インパクト投資が、今日でも、連邦準備銀行高官のデビッド・エリクソンの言葉を借りれば「まだ小規模な専門特化型ビジネス（boutique business）」にとどまっており、また、最近J・P・モルガンが実施した社会的インパクト投資家向け調査の回答者の四分の三が、このインダストリーは「成長中」だが「まだ初期段階」にあると回答している理由はたやすく理解できるだろう(17)。

投資案件形成をめぐる厄介な問題

社会的インパクト投資市場の成長を妨げているもう一つの要因は、市場の供給サイドの投資家の逡巡ではなく、需要サイドにおける投資先の不在から生じている。どうしてこんなことになるのだろうか。前述したように、およそ三億六五〇〇万〜四億四五〇〇万と推定される開発途上国のマイクロ企業や中小企業のうち、七〇％は外部資金を必要としているが、そのほとんどがこの資金を獲得する術を持っていない。しかも、この数字には、開発途上国のインフォーマル・セクターにいる無数の事業者は含まれていない。なぜ、こうした事業者は、潤沢さを増しつつある社会的インパクト投資市場で資本要求を充たそうとしないのだろうか。

社会的資本市場の非効率さ、投資先団体側のスキルの欠如、ＢＯＰビジネス自体が抱える困難などが重なって、投資需要を限定的なものにしている。

大まかにいって、この明らかなパラドックスには、三つの説明ラインが考えられる。第一の説明ラインは、社会的資本市場の非効率性に着目したものである。社会的資本市場は、長い間、断片化し、ばらばらで、比較的小規模だったため、アクセスが困難だった。資金を必要とする四億の小規模事業者と、資金提供が可能な立場にある比較的少数の社会的投資仲介機関との間には、何光年にも及ぶ地理的、物理的、概念的、心理的距離があり、新たなテクノロジーを使ったとしてもこれを埋めるのは難しい。さらに、デューディリジェンスや取引構築などのコストもかなり高いことを考えると、明白なニーズにもかかわらず投資可能な取引件数が少ないままの理由はたやすく理解できる。

社会的インパクト投資家は、自分たちが直面している最も深刻な上位二課題のうちの一つとして、

「質の高い投資機会の不足」を挙げているが、この理由についての第二の説明ラインは、市場の非効率性よりも潜在的な投資先のスキル欠如にかかわっている。[18] 社会目的活動に取り組む諸団体は、通常、非営利組織、小規模自営業、宗教関連慈善団体、協同組合、共済組合、勇気ある個人社会起業家などである。彼らのほとんどは、学校でファイナンスの基礎など学んでいない。ベンチャーサムの最近の報告が示しているように、彼らの多くは事業収入（用語解説参照）と投資資本（用語解説参照）の区別を明確には理解しておらず、自分たちの財務上の必要性を正確に提示することもできず、利用可能な各種の金融手法を学校で学んでもおらず、さらに、複数の資金源から提供された資金をまとめて運用する方法にも無自覚である。[19] この基本的な金融リテラシー不足のために、せいぜいマイクロ取引しか提案できない資金需要者と、これよりはるかに大規模な事業に習熟した潜在的資金供給者との間には、大きな隔たりが残ることになる。興味深いことに、社会的インパクト投資インダストリーの構築に従事する者たちは、新たな投資家を最初の交渉テーブルに着かせようという情熱は持っていても、この隔たりの問題に関しては一貫して取り組みを怠っている。[20]

しかし、インパクト投資市場の投資案件形成の停滞を説明する上で最も深刻なものは、おそらく第三の説明ラインだろう。単純化していえば、ＢＯＰ市場自体が、その将来性にもかかわらず、そもそも極めて事業が困難な市場であり、もちろん、意義ある社会目的にこだわりつつ事業利益を出すのはさらに困難な市場であるため、案件がほとんどないのである。ハーベイ・コウと彼の同僚たちは、ＢＯＰ環境で新たなビジネスモデルを開拓しようとする会社が通常直面する「重荷」を次のように描いているが、これは状況をよく表しているだろう。

「彼らは、決して妥協を許してくれずマージンも低い市場で試行錯誤するという非常に過酷なやり方で、自分たちのビジネスモデルを開発・洗練しなければならない。必然的に、彼らは、事業を軌道に乗せるまでの途上で、様々な失敗や挫折に苦しむだろう。通常、彼らは、『お勧め』の新ソリューションがもたらす可能性を顧客に理解させ、未熟練サプライヤーや寸断された配給網を何とか自分たちの要求を満たす水準にするために、大幅な投資をしなければならない。投資家の方は、彼らの新しさに興奮してはいるものの、会社のリスク特性を警戒しており、金銭的リターンにもそれほど心を動かされてはいない。しかもその間ずっと、投資家は、彼らが実際は、採算可能なビジネスモデルの仮面をつけた抜け目ない非営利組織でしかないのかもしれないと疑っているのである(21)」。

膨大な資金が将来性の高いＢＯＰビジネスに流入するだろうという楽観的な想定にもかかわらず、本格的に資本を呼び込むことができるようになるレベルまでこのビジネスを引き上げるという道のりは、現実には長く困難に満ちたものとなるだろう。ハーベイ・コウとその同僚たちが指摘しているように、グラミン銀行は、一九七六年に設立されてから損益分岐点に達するまでに一七年を必要とした。他団体の軌跡も同様に大変な努力を必要とするものだった。アキュメン・ファンドは、投資価値のある有望な六五団体を見出すために、一〇年間かけて五〇〇〇以上の会社を選別しなければならなかった。しかも、この六五社ですら、通常の投資基準からみれば非常に堅実な金銭的リターンの見込みしかないのである。実際、アキュメンの投資先会社の税引き後利益の平均は赤字のままである。これは驚くにあたらない。モニターグループがインドで行った調査が示しているのは、社会的企業が社会包摂ビジネスで利益を出せるだけの規模を獲得するのに一〇年を必要とするという事実である(22)。

「パイオニア・ギャップ」に社会目的市場は直面しており、これが鬱積する社会的投資資本を吸収できる投資可能案件の供給を制限している。

こうした状況をみて、社会的インパクト投資家は、将来性あるBOPビジネスに対する初期投資から手を引いてしまった。そして、これは古典的な「フリーライダー」問題を引き起こしたのである。すなわち、すべての投資家は、初期の不安定なスタートアップ局面にある有望ビジネスを共同で支援することにより利益を得ることができるにもかかわらず、どの投資家も、個別の有望ビジネスに投資することに利益を見出すことができない、という問題である。投資利益を見出せない理由は、一度、そのコンセプトが実証されてしまえば、多数の競争相手が、コスト負担なしにその初期投資から利益を得ようとしてその市場に殺到するからである。この結果、ハーベイ・コウと同僚たちが「パイオニア・ギャップ」と名づけた事態が発生する。これは、将来性あるソーシャル・ベンチャーにとって決定的に重要なスタートアップ局面を支援する資金が提供されず、結果的に、鬱積する社会的投資資本を吸収するのに十分な投資可能案件の不足をもたらすという事態である。

他の「市場の失敗」事例と同様、このような状況で必要とされるのは、市場の不完全さを非市場的手法で解決することである。国防のようないわゆる集合財の場合、この役割は伝統的に政府が果たしてきたが、ここでも同様に政府が重要な役割を果たすことができる。たとえば、M-PESAという携帯電話決済システムは、九〇〇万のケニア住民に初めて金融サービスをもたらした画期的なものだが、システム開発において決定的に重要な初期段階の資金提供を行ったのは英国国際開発省だった。米国国際開発庁も、ガーナのクリーン燃焼調理コンロの初期開発に対して同様の支援を提供している。[23]

しかし、成功したテクノロジーやビジネスモデルを選別することがはらむ政治的リスクを考慮すると、我々が「フィランソロピー銀行としての財団」（用語解説参照）と呼ぶ諸機関に、この独特な市場の欠陥を乗り越える責任をゆだねた方が適切かもしれない。「フィランソロピー銀行としての財団」とは、助成金予算だけでなく基本財産も活用して資金をレバレッジし、自分たちが推進する大義に最大限のインパクトをもたらそうとする財団を指す。ハーベイ・コウと同僚たちは、これを「起業型フィランソロピー（enterprise philanthropy）」と呼んでいるが、我々としては、もう少し平たく「筋肉増強型プログラム関連投資（PRIs on steroids）」と呼んでもよいのではないかと考えている。これは基本的に、①初期のコンセプト証明段階を乗り越えた将来性の高いＢＯＰビジネス提案を発掘し、②このＢ

OPビジネスが、製品の採算性の立証、事業開始に向けたマーケット準備、実際の事業立ち上げなどを行うのを支援する、という二つの要素からなっている。プログラム関連投資の目的は、BOPビジネスがリターンを求める民間資本の投資を獲得し、結果的に彼らがビジネスをスケールアップできるよう支援することである。(24) 支援は、助成金の形態も取りうるが、低利・無利子ローンや議決権を持たない株式という形を取る場合もある。

社会的インパクト投資についての三つの楽観的想定は、今や重大な異議申し立てを受けている。

楽観的想定を超えて

これまでの議論が示唆しているのは、フィランソロピーのニューフロンティアの推進者や事業家が、壮大な真実の瞬間に近づきつつあるかもしれないということである。本書で取り上げた発展の多くは、壮大なファンファーレの中で大きな希望と共に開始された。成果志向と効率志向の間には長期にわたって緊張関係があったが、これも奇跡的に棚上げされた。社会・環境的進歩を追及する諸活動で、マーケット・レートのリターンが入手できるようになった。政府や民間非営利組織に代わって民間投資市場が、社会目的の成長資本の主要資金源として利用できるようになった。ソーシャル・ファイナンスの新時代が、まさに到来しようとしていた。

しかし、こうした主張は、めったに反証されてこなかった。もちろん、本書で素描した発展には、無視できない機運と計り知れない将来展望がある。しかし、この分野は十分に成長を遂げ、現在では、まだその先に困難な道のりが横たわっているという事実を受け入れることができるようになったのである。特に、社会的インパクト投資をめぐる熱狂に火をつけ、さらにフィランソロピーのニューフロンティアにおけるこれ以外のイノベーションへの熱狂を煽動することにも手を貸した三つの楽観的想定は、今や、完全に論破されたとはいえないにせよ重大な異議申し立てを受けている。この分野が次の発展局面に移行する結果、発生するだろう様々な現実に、我々はきちんと目を向ける必要があるだろう。

2　伝統的市場のリスク・リターン比率？

第一に、社会的インパクト投資に関する初期の文献が喧伝したリターン期待の多くは、あまりにも楽観的で、この分野の先駆者たちの実際の経験からみても支持することはできない。確かに、かなりの社会的便益を生産し、同時に素晴らしいマーケット・リターンも生み出している力強いＢＯＰビジネスの例は存在する。しかし、これらのビジネスが、リターンを獲得できる成熟した事業として躍進し、現在のように様々な文献で称賛されるようになるまでには、何年もの苦難に満ちたインキュベーション期間を必要としたのである。しばしば、この長くコストのかかるインキュベーション期間は、軽視あるいは完全無視の憂き目に遭った。この状況は、萌芽段階を生き抜くことができなかった他の多くの有望ビジネスの子供たちについても同様にあてはまる。「本当のところ、ただ一つのボトム・ライン、すなわち、インパクトか利益か、しかないのである。投資家の要求に引きずられて、組織が対象貧困層に背を向け支払い能力の高い層へと向かってしまう可能性が存在する」というケビン・スターの警告は、現実にはあり得ないかもしれない。しかし、一握りの成功例しか実現していないリターンに投資家が魅了され、この結果形成された期待の方向に社会的インパクト投資分野が容易に流されてしまう可能性があるという事実は残されている。[25]

これを解決するために、社会的インパクト投資の将来や社会・環境目的向け民間投資資本の活用を放棄する必要はない。むしろ、より複合的な金融パッケージの必要性を認識し、これを使って、BOP市場に従事するスタートアップ・ビジネスの大半が直面する例外的なリスク特性に留意しつつ、民間投資家の金銭的リターンのニーズに対応していくことが解決法だろう。

3　政府の代替?

以上の議論を通じて、我々は、フィランソロピーのニューフロンティアの発想に忍び込んだ第二の楽観的想定へと導かれる。すなわち、社会的インパクト投資は、社会・環境目的に向けた民間投資資本の活用を通じて、停滞している政府資金・事業の多くを代替しうるという想定である。確かに、民営化イデオロギーはアメリカ政治思想に長い系譜を持っており、特にフィランソロピーの領域ではそうである。[26] こうしてみると、「フィランソロピー資本主義（philanthrocapitalism）」という台本の隠されたテーマは、ビジネス経営・利益創出のみならず社会・環境目標増進でも民間セクターの方が「政府より優れている」ことを示唆する点にある、という憶測も驚くにあたらない。かくして、この社会・環境目的領域においても、政府は不要あるいは少なくともそれほど必要ではない、ということになる。

社会目的活動向けの資金をこじ開けるには、結局、バールが必要である。

しかし、この前提を支持する証拠もほとんど見出されてはいない。子供を育てるのに村が必要だとすれば、社会目的活動のためにほんのわずかの民間投資資本を生み出すのにも、複数の政府省庁にまたがるバーチャル内閣が必要である。アメリカにおいて、まだ少額だがおそらく最も充実した資金流入を実現した社会的投資分野は、低所得者用住居とコミュニティ開発だが、そこでの経験から導き出されるのがまさにこの点なのである。この資金流入を発展・継続するために、七つもの政府機関、すなわち、米国議会、連邦準備制度理事会（Board of Governors of the Federal Reserve System：FRB）、連邦預金保険公社（Federal Deposit Insurance Corporation：FDIC）、通貨監督庁（Office of the Comptroller of the Currency：OCC）、貯蓄金融機関監督庁（Office of Thrift Supervision：OTS）、内国歳入庁、および財務省のコミュニティ開発金融機関基金の共同行動が必要だったのである。これら機関の官僚たちが、インナーシティと低所得者用住居に民間投資資本を流入させるために必要な四つのプログラムの運営責任を担った。前述したように、そのプログラムとは、①困窮したコミュニティ向けの銀行投資を促進するコミュニティ再投資法（the Community Reinvestment Act：CRA）、②低所得者向け住居への投資家に税額控除を提供する低所得者用住宅税額控除（Low-Income Housing Tax Credit：LIHTC）、③コミュニティ開発金融機関（用語解説参照）の全米ネットワークを支援するコミュニティ開発金融機関基金（Community Development Financial Institutions Fund：CDFI Fund）、および④困窮地域への投資家に対して税額控除を提供する新市場税額控除（New Markets Tax Credit：NMTC）である。

すでにみてきたように、イギリスでも、また他の開発途上国の多くでも、民間セクター投資家の背中を押して社会目的活動に参加させるためには、公共セクターの資金提供とこれ以外の形態の支援が等しく重要となる。支援は、直接提供でも、多国間開発銀行を通じたものでもよい。社会目的活動向けの資本をこじ開けるには、結局、バールが必要であり、しばしば、政府だけが行使できる権力と資金が求められるのである。誰も、民間資金が果たす重要な役割の可能性や現在の活動に疑問を呈することなどできないが、現実問題として、誰もまた、民間セクターだけにこの役割を期待することはできないのである。

4　伝統的フィランソロピーとの決別？

最後に、一部領域における社会的インパクト投資の台頭に伴い、伝統的フィランソロピーは早急に消滅するだろうと予言されてきたが、これまでの議論からみて、この予言も誇張しすぎだということは明らかだろう。それは、マーク・トゥエインに、おまえは早死にするだろうという予言が届けられたという話と同じほど誇張されている。「パイオニア・ギャップ」に関する議論と複雑な資金提供「トランシェ」の必要性をみれば明らかなように、社会的インパクト投資という新世界が成功するためには、伝統的フィランソロピーという旧世界が必要である。どちらかだけでは、どちらも機能することは容易ではない。

これは、伝統的フィランソロピーが従来通りの手法で活動し続けてさえいれば最大限の支援が可能だと言っているわけではない。むしろ、台頭するソーシャル・ファイナンスの新世界にきちんとかかわり続けたいのであれば、伝統的フィランソロピーも変わらなければならない。そのために、伝統的フィランソロピーは、より複雑な資金提供コンソーシアムのための触媒として機能する必要があるだろう。官民双方の資金提供機関と連携する必要もある。さらに、世界が直面する深刻な諸問題の解決に必要なレバレッジ獲得のため、助成金という伝統的な手法とこれ以外の自己資金をいかに組み合わせるか、さらに、これらとその他機関の資金とをいかに組み合わせるかを学ぶ必要もあるだろう。フィランソロピーでも他の領域でも、「あれかこれか」式の世界は、「あれもこれも」式の実践に取って代わられなければならないのである。

第6章　解決に向けた処方箋——前進に向けて

これまでの報告から明らかなように、フィランソロピーのニューフロンティアは、今日、世界が直面している広範な社会的、経済的、環境的問題を大きく改善していく上で計り知れない可能性を秘めている。もちろん、フィランソロピーのニューフロンティアと社会的インパクト投資の領域における新たな発展によってもたらされるソリューションが、すべての問題や地域に適している訳ではない。たとえば、近年の分析は、社会的インパクト投資が適切に機能する上で必要な主要四条件を提起している。それは、①課題や問題の規模が大きく、政府やフィランソロピーの資金だけでは、取り組むことができそうにないこと、②現実性をもったマーケット・ベースのソリューションが利用可能かあるいは合理的に実現可能な見込みがあること、③主流民間投資家がまだ深く関与していないこと、④マーケット・ベースのソリューションが道義的見地からも受け入れ可能であること、である。[1] 明らかに、すべてのグローバル課題がこれらの規準を満たしている訳ではないし、またおそらくこれらの課題のうち最も深刻なものですらそうではないだろう。さらに、規準を満たしていても、新たな手法自身が持つ固有の問題のために、事業の途上で挫折することもあるだろう。たとえば、新たな手法は複雑すぎて多くの潜在的な参加者はしり込みするだろうし、社会的成果の妥当性を確証する評価基準は十分に発展してはいない。さらに、社会目的投資に必要な長期の「コンセプト証明」局面を忍耐強く待ってくれる投資家も、そう簡単には現れないだろう。

障壁や限界にもかかわらず、さらに積極的に促進していくことを保証する……将来性はある。

しかし、こうした限界にもかかわらず、論者たちは、新たなアクターとツールに大きな可能性が開かれている領域をこれまでも多数発掘してきたし、また、定期的に発見し続けてもいる。この中には、住居、保健医療、教育、電気・ガス・水道、農業、金融サービスなどの諸領域が含まれる。これら領域のすべてにおいて、低コスト太陽光発電パネル、モジュラー住宅、低価格眼鏡、再利用可能な生理用ナプキン、クリーン燃焼調理用コンロなどの想像力豊かな製品が、投資家と事業家に少なくとも穏当な利益を生み出しつつ、人々の生活を変容させているのである。一言でいえば、障壁や限界にもかかわらず、フィランソロピーのニューフロンティアで起きている諸発展には、さらなる積極的推進を保証するだけの将来性があるということである。

では、どのような形で、これを推進していくべきだろうか。本書の議論を踏まえれば、特に以下の六つの処方箋は追求する価値があるだろう。

1　六つの処方箋

可視化

第一に、より多くの人々が、「フィランソロピーのニューフロンティア」と名づけられた領域で進行している劇的な変化を認識・理解できるようにする必要がある。本書で素描した様々な発展は、拡散し多様化している。このため、人々が木を見て森を見ないという状況、さらに森があることさえ理解できない状況が生じやすい。こうした様々な発展を一つの潮流として捉え首尾一貫した形で説明する方法を見つけることは、これに関与する様々な利害関係者――個人投資家、投資マネージャー、金融機関、社会起業家、フィランソロピー機関、NPO経営者、そして一般の人々――が、変化の大きさを認識し、これにより積極的にかかわり始めるための出発点である。台頭しつつある新たなアクターとツールの大きな拡がりを組織的に把握・分析することによって、本書が、この可視化という目標に貢献し、望むらくは現実の行動がこれに続くことを願っている。

普及化

しかし、可視化は、より広範な認知向上に向けた最初の一歩にすぎない。さらに、将来の鍵を握る多様な利害関係者グループの元にフィランソロピーのニューフロンティアのメッセージを届けることによって彼らの関与を得る必要がある。このためには、教育と分野拡大に向けたよりいっそう強力な努力が求められる。

もちろん、フィランソロピーのニューフロンティア現象も、フロンティアに関与する機関数の点では一部それなりの規模を獲得しはじめている。米国社会的責任投資フォーラム（米国SIF財団）によれば、二〇一一年末時点においてアメリカだけで、機関投資家四四三人、資金マネージャー二七二人、コミュニティ開発金融機関・信用組合などのコミュニティ投資機関一〇〇〇団体以上が、様々な環境・社会・企業統治（ESG）基準を投資分析とポートフォリオ選択に適用している。さらに、このうち二〇〇機関は、二〇一〇〜二〇一二年の間に、単独または共同でこれら諸課題に関する株主決議を上場企業に対して行っている(2)。

かなりの時間と資源を投じたにもかかわらず、この分野は、フィランソロピーや民間投資家の主流からは大きく外れており、また、非営利分野の大胆な探求者たちのほとんど大半にも実質的に知られていないままである。

この数字は印象的ではあるが、決して圧倒的なものだとはいえないだろう。特に、持続可能な責任投資運動は、すでに四〇年前から始まっていること、また本書で取り上げた社会的インパクト投資のような直接的形態に比べれば、それほど社会・環境面での要求が高い活動形態ではないことなどを考慮するとそうである。とりわけ目に付くのが、財団の関与が限定的だという点である。財団は明確な社会目的を持つ機関であり、投資ポートフォリオに社会、環境、企業統治面での審査基準を導入すれば、その目的はさらに達成される可能性は高まるだろう。しかし、米国SIF財団によれば、全米七万六五四五財団中、投資にESG基準を適用していると報告したのはわずか九五財団――全財団の〇・一％――にすぎなかった。結果として、明確にESG基準に基づいて運用されているのは、財団総資産五九〇二億ドルのうちわずか六〇三億ドル――あるいは総資産のおよそ一〇％――のみとなっている(3)。

本書で素描した発展に関する知識の普及状況は、社会的責任投資以外でも部分的なものにとどまっている。この状況は、様々な分野で活動している、財団、投資マネージャー、年金基金、投資信託会社、非営利組織などの鍵となる利害関係者の間においてさえ同じである。フィランソロピーのニューフロンティアの中でも、特に社会的インパクト投資は、より広い範囲の人々に伝達してその存在を意識してもらう必要がある。CFAインスティチュートという世界最大の投資専門家協会が実施した二〇一三年の調査によると、調査対象となった金融アドバイザーの三分の二が「インパクト投資」の存在を意識していなかったと告白したという事実が、この点を如実に示している(4)。要約すれば、かなりの時間と資源を投じたにもかかわらず、この分野は、フィランソロピーや民間投資の主流の大半からは大きく外れており、また、非営利分野の大胆な探求者たちのほとんど大半にも実質的に知られていないような、はるかかなたの亜大陸の状態にとどまっている。

これを克服するためには、最新の世界経済フォーラム報告が述べているように、フィランソロピーのニューフロンティアに関する情報をより広範な参加者や論者に提供し、新たなツールやアクターに関する知識を「周縁から主流に」もたらす必要があるだろう。[5] このためには、アカデミックな領域でも使われる新たな教材が必要である。なぜなら、アカデミズムの世界においてこそ、次世代の非営利組織経営者、資金マネージャー、財団職員たちがトレーニングを受け、また、この分野の傑出した二人の推進者が認めているように、新たな「主流派のメッセンジャー」が「ビジョンを持った実践から教訓を汲み取ってこれをより広範なオーディエンスに効果的に伝えることができる水路」としての役割を果たすことができるからである。[6] この役割こそ、本書が自らに課した任務であり、本書に引き続いて着手される分野拡張努力が自らに課した任務である。我々としては、他の方々もこの実現に手を貸してくれることを望んでいる。

誘因化

発展促進に必要な重要事項の三点目は、誘因の徹底的な制度化である。最新の論文が、台頭する新たなフィランソロピーと社会的インパクト投資の初期の歴史を検証した上で下した主な結論は、信用補完（用語解説参照）、法的規制、減税、その他の誘因を継続することが重要であり、これによって、新たなツールは、民間投資家の関与を維持しつつ、恵まれない人々や地域に社会、経済、環境面の利益を提供するという約束をかなえることができるというものだった。マイクロクレジットは長期にわたる計画期間を必要とし、多くのＢＯＰ製品はビジネスとして採算可能になるまでに「パイオニア・ギャップ」に直面する。また、アメリカの低所得者用住居提供事業は、民間投資資本の流入促進のために、一連の法的規制、税制優遇、助成金などを必要とした。これらすべてが物語っているのは、社会的インパクト投資をめぐる近年の熱狂では民間投資家が主役を演じてきたとはいえ、民間投資家以外のアクターを巻き込むことも同様に必要だという点である。

民間市場、政府、財団の相互の役割分担に関する、社会的インパクト投資についてのレトリックは一巡したといってよいだろう。

ある意味で、社会的インパクト投資についてのレトリックは、過去五年間足らずで一巡したといってよいだろう。当初は、社会・環境的問題の解決分野において、政府や伝統的フィランソロピーの支援が停滞している状況を埋める方策として、マーケット・ベースの社会的インパクト投資手法が喧伝されてきた。しかし、この手法の推進者たちは、最近、実際にマーケット・ベースのアプローチが成功するためには、政府と制度的フィランソロピーが、ただ重要なだけでなく「二重に重要である」ことを認識するに至っている。(7) 民間投資資本の流れを解き放ち、複雑な試みを可能にする上でますます必要とされているのは、政府と助成財団が提供する助成金、担保なしローン（用語解説参照）、様々な形態の保証、補助金などを組み合わせた複合的な資金提供の「束」であり、時に応じて導入される規制なのである。

しかし、これが可能となるためには、政府・財団ともに、現在の事業手法を変える必要がある。アメリカとイギリスの政府は、一部の選ばれた領域のみとはいえ、すでにこれを開始している。これ以外の国では、一般に、本書で素描した新たなアプローチを促進する環境はより制限されている。たとえば、インドでは、外部資金源からの信用補完を通じて社会起業家向けローンの利子率を下げようという試みが不承認となった。インド銀行が提供する利子率より低いレートでの外部ローンを禁止した法律の存在がその理由である。その他諸国でも、財団が営利ビジネスを支援することは、たとえ、そのビジネスが財団の社会目的ミッションを増進する場合でも、禁止または規制されている。多くの国では、社会目的と金銭的リターンとのバランスを追求する会社を許容する法律が存在していない。本書で取り上げた社会目的活動への投資を促進するためには、シャーリー・サガワが説得的に論じているように、これを妨げている法その他の障壁を取り除き、前向きな誘因を制度化するという一貫性を持った努力が求められるだろう(8)。

すでに本書で概要を示しているが、「フィランソロピー銀行」としての財団（用語解説参照）の活動に参加しようという財団側の意欲もさらに一層必要だろう。新たなアクターとツールが可能にした官民投資コンソーシアムへの参加、基本財産の十全な活用、伝統的な一回限りの助成金より範囲の広い活動ツールの利用などの際にも、フィランソロピー銀行は不可欠なのである。

正当化

しかし、これらの誘因が現実のものとなるには、社会的インパクトのパフォーマンス基準の開発をさらに進め、政府や財団による社会的インパクト投資支援が十分に正当化されるようにする必要があるだろう。社会的インパクト投資も、これ以外の新たなフィランソロピーや社会目的活動も、マーケット手法を通じて少なくとも一部投資家にはマーケット・レートのリターンを生み出す潜在的可能性を持っている以上、伝統的なフィランソロピー以上に、一般からの信頼確保に配慮しなければならない。自分たちが掲げる社会目的に嘘偽りのないことを明示することは、このイニシアチブにとって永続的に拡大し続ける課題となるだろう。特に、望んでいたリターン・レートが現実化し始めた場合はそうである。これは、イニシアチブの初期の支持者たちも明確に認識していた点である。[9]

しかし、二〇〇九年のモニター・インスティチュートの基調報告書が「インパクト投資とみなしうるかどうかの境界策定に資する基準設定団体」として提案した機関は、現時点ではまだ社会的インパクト投資分野に生み出されていない。[10] 基準設定団体自体はすでに設立されているが、その基準は、より広義の企業の社会的責任を反映しているだけで、インパクト投資とみなしうるかどうかの境界策定を目指したものではない。また、当初目標のインパクト測定基準は確立されたが、それは基準設定団体の境界策定とは連動していないし、いずれにせよ、インパクト測定基準があまりにも多すぎるため、これを使えば、ほぼすべての投資が社会的インパクト投資として自己正当化できてしまう。

この分野が、非財務的パフォーマンス指標に真剣に取り組むのであれば、そのアプローチを拡張する必要があるだろう。

この分野が、非財務的パフォーマンス指標に真剣に取り組むのであれば、そのアプローチを拡大する必要があるだろう。何人かの識者が提案しているように、「投資家中心」指標を追求するのであれば、少なくとも同じくらい、政府と民間フィランソロピーにとって説得的な指標にも関心を払う必要があるだろう。なぜなら、政府と民間フィランソロピーこそ、社会的インパクト投資ツールが効果的に機能するために必要な誘因の主要資金源だからである。おそらくここに、社会的インパクト投資の顧客層をパフォーマンス測定の世界に引き入れる何らかの方策があるだろう。それは、現存するパフォーマンス測定システムのいずれもが行ってこなかった何かである。

能力強化

フィランソロピーのニューフロンティア領域内に有望な住人を確保しておくために必要な第五の処方箋は、投資案件形成という重要課題に対応することである。このためには、新たな投資機会の可視化や普及化以上のものが必要である。すでに事業を開始しているか、これから事業を開始するかどうかにかかわらず、起業家を対象とした本格的なトレーニング事業を行い、ある論者が名づけたように「投資受け入れ準備」を構築することが必要である。(11) フィランソロピーのニューフロンティアを通じて新たに利用可能となった潜在的資金を獲得しようとする者の多くは、これを効果的に行うために必要な初歩的な金融知識すら持っていない。通常、彼らは非営利組織の経営者、コミュニティ・オーガナイザー、またはマイクロビジネスのオーナーである。彼らの経験の大半は、助成金による資金提供か小規模銀行の貸付の世界である。このため、このような組織や人々が、社会的投資という新たなツールに必要な市場テストをクリアする投資案件を形成できるようになるには、入念なトレーニングが必要である。

投資案件形成という重要な課題に対応するには、入念なトレーニングが必要である。

たとえば、イギリスの社会的投資仲介機関のベンチャーサムが作成した調査報告書は、イギリスの社会的投資受入団体が、自分たちを取り巻く新たな金融環境の中で案件交渉を行おうとする際に直面する広範な課題を列挙している。コラム8（一七〇頁）の通り、こうした課題には基本的な金融スキルや金融意識などが含まれる。対応を怠れば、これらの課題は社会的インパクト投資が約束する展望

コラム8　潜在的な社会的投資受入団体が抱える主要な知識ギャップ

・自身の財務上の必要性を認識できない。
・事業収入と資本の相違に関する理解が欠如している。
・利用できる金融手法は何か、それぞれを比較したプラス面とマイナス面は何かについて無自覚である。
・自分たちが利用できる資金提供者の一部しか意識していない。
・助成金は無料ではなくかなりのコストがかかることを認識できない。
・異なる投資家それぞれの要求と手法を混合した形で投資案件を組成するための自信と知識が欠如している。

出所：Emilie Goodall and John Kingston, Access to Capital: A Briefing Paper（London: CAF Venturesome, 2009), 4（http://www.marmanie.com/cms/upload/file/CAF_Venturesome_Access_to_Capital_0909.pdf, accessed 2013.2.10).

の実現を阻み続けるだろう。

本書が提供した材料がこれらの弱点を治療する契機となることを望むが、治療を現実に機能させるには精力的なアウトリーチ活動が必要である。

現実化

結局のところ最後に必要となるのは、将来性に満ちたソーシャル・イノベーションの大地を探索して投資案件を形成するという困難な仕事である。それは、重要な社会・環境的利益を生み出しつつビジネスとして採算可能な見込みを持つ者は誰かを判断し、不安定なコンセプト証明局面を通じて投資先団体を支援し、彼らの資本・経営ニーズを現実的に判定し、必要な財政面・技術面の複合支援を募り、この結果生み出されたコンセプトをスケールアップさせる、という一連の作業である。明らかに、これら一連の作業の取引コストは膨大なものとなる。このため、社会的インパクト「インダストリー」に関する近年の状況報告が、「資本の投下・運用」をこの分野が直面している六つの最重要課題の一つに挙げていることは驚くにあたらない[12]。

この課題を、社会的インパクト投資家の個々の活動だけで解決できる可能性は低い。解決のためにはコンソーシアムを結成し、この下で、英知を結集し、有望な投資オプションを発掘し、資金をプールし、リスクを拡散させ、事業手法を改善し、取引コストを引き下げるなどの努力を行う必要がある。まさにこうした目的のために結集した社会的インパクト投資家グループの興味深い事例としては、アメリカ西海岸のＴＯＮＩＩＣというコンソーシアムがある[13]。しかし、二〇〇九年のモニター・インスティチュートの報告書がインパクト投資の将来を現実化するために必要だとして析出してきたインフラは、まだ登場していないか、萌芽状態にとどまっている。インフラの具体例としては、「特定の社会・環境的課題に取り組む上での導き役として、インダストリーの方向性を決定するようなファンド」や、一連のインパクト投資の誘因の役割を果たす「触媒型資金提供ストラクチャー（catalytic funding structures）」への巨額のリスク資本の投入などが挙げられていた[14]。明らかに、フィランソロピーのニューフロンティアの将来を十全に現実化するという作業は未完成の状態にとどまっているが、この作業は才能と情熱を惹きつけてやまないだろう。

2　結　論

今日、グローバル・コミュニティは計り知れない困難に直面している。破綻国家、国際テロリズム、地球温暖化、貧困の持続、森林破壊、水不足、病気、食糧不足、若者の失業などは、現存する諸問題のほんの一例にすぎない。

本書で検証した新たなツールとアクターは、こうした諸問題を解決する万能薬ではない。しかし、こうしたツールとアクターを利用しなかった場合に待ち受けているリソースと決断の停滞という陰鬱なシナリオを考えると、将来有望な諸発展の一つとしてこれらを認めない訳にはいかないだろう。問題がない訳ではないが、これら諸発展は、次のことを約束する。すなわち、①貧困、病気、環境破壊などの世界の諸問題の解決に向けた取り組みに巨額の資金をもたらし、②社会・環境問題解決に向けた創造的アイデアが持つ新たなエネルギーと資金源を解き放ち、③寄付と社会問題解決プロセスを民主化し、④新たなテクノロジーと社会的責任に関する新しい態度を建設的に活用して、人類が永続的に抱える諸問題を新たな方向に好転させるのである。

おそらく驚くに値しないだろうが、これらの諸発展は、年老いて引退した保守的なローマ教皇の意識にさえ入ってきている。ローマ教皇が出された二〇〇九年の回勅（Caritas in Veritate）は、この点を捉えて、「営利を基盤とする会社と非営利組織との間の境界線は伝統的に妥当だと思われてきたが、これはもはや現実に即していないし、将来に向けた実践の方向性を示すこともできないだろう」と認めたのである。[15]

本書で素描したフィランソロピーのニューフロンティアは、このローマ教皇の言明を強力に支持している。しかしまた、それはローマ教皇の次のような警告も重視している。すなわち、台頭する「新たな複合的リアリティ」は、利益を排除する訳ではないが、その利益は、ベネディクト一六世ローマ教皇が言うところの「人間的で社会的な目的を実現する一手段」として確実に使われるように注意し続ける必要がある、という点である。これこそ、フィランソロピーのニューフロンティアが我々に差し伸べている希望であり、本書はこれを推進したいと願っている。フィランソロピーのニューフロンティアは、好むと好まざるにかかわらず、資金も将来への期待も減少している時代に我々が手にしている最も将来性を持った希望の一つなのである。

推薦文献

C. K. Prahalad, *The Fortune at the Bottom of the Pyramid: Eradicating Poverty through Profits* (Philadelphia:

Wharton School Publishing, 2004).（邦訳：スカイライト・コンサルティング訳『ネクスト・マーケット 増補改訂版――「貧困層」を「顧客」に変える次世代ビジネス戦略』英治出版、二〇一〇年）

Lester M. Salamon, editor. *New Frontiers of Philanthropy: A Guide to the New Actors and Tools Reshaping Global Philanthropy and Social Investment* (New York: Oxford University Press, 2014).

Jessica Freireich and Kathryn Fulton, *Investing for Social and Environmental Impact* (n.p.: Monitor Institute, 2009).

Antony Bugg-Levine and Jed Emerson, *Impact Investing: Transforming How We Make Money While Making a Difference* (San Francisco: Jossey-Bass, 2011).

Lucy Carmody, Benjamin McCarron, Jenny Blinch, and Allison Prevatt, *Impact Investing in Emerging Markets* (Singapore: Responsible Research, 2011).

付　録

A 「フィランソロピーのニューフロンティア」プロジェクト諮問委員会

ジョンズ・ホプキンス大学市民社会研究所は、フィランソロピーのニューフロンティアの全体像を把握するため、レスター・M・サラモン教授を座長に、「フィランソロピーのニューフロンティア」プロジェクト諮問委員会を設立した。委員会は、社会的投資、フィランソロピー、コミュニティ開発、社会的企業の四つの分野における実務家と学者・研究者のグループからなり、それぞれの専門分野を踏まえて活発な意見交換を行った。この議論の成果を踏まえて、付録Bで紹介している大部の論文集『フィランソロピーのニューフロンティア――グローバル・フィランソロピーと社会的投資を刷新する新たなアクターとツールに関するガイド』（オックスフォード大学出版会、二〇一四年）が出版されている。諮問委員会のメンバーは、論文集の執筆者やテーマの選定を行うと共に、一部メンバーは自ら執筆者として論文集に参加している。

・フランク・アルトマン（コミュニティ再投資基金　理事長・最高経営責任者）
・ダグ・バウアー（クラーク財団　専務理事）
・シャリ・ベレンバッハ（米国アフリカ開発財団　理事長・最高経営責任者）
・ルーシー・バーンホルツ（ブループリント・リサーチ&デザイン　創設者・前理事長）
・スチュアート・デビッドソン（ラプラドール・ベンチャーズ　執行パートナー）
・クリストファー・L・デイビス（資金運営研究所　理事長）
・ウィリアム・ディーテル（ディーテル・パートナーズ　執行パートナー）
・デビッド・エリクソン（サンフランシスコ連邦準備銀行コミュニティ開発投資センター所長）

・マーク・J・レイン（マーク・J・レイン　ウェルス・グループ創設者）
・マキシミリアン・マーチン（インパクト・エコノミー　創設者・グローバル業務執行取締役）
・クララ・ミラー（F・B・ヘロン財団理事長）
・マリオ・モリノ（ベンチャー・フィランソロピー・パートナーズ　共同創設者・会長）
・ルーテル・ラギン・ジュニア（グローバル・インパクト投資ネットワーク　理事長・最高経営責任者）
・リサ・リヒター（GPSキャピタル・パートナーズ　プリンシパル）
・ジャック・シム（世界トイレ機関　創設者）
・グレッグ・スタントン（障壁なきウォール街　創設者）
・ビンス・シュティーレ（メディア・インパクト・ファンダーズ　専務理事）
・リュック・タイヤート・デ・ボームス（キング・ボードウィン財団　業務執行取締役）
・メチャイ・ビラバイダヤ（コンドーム&キャベツ　創設者）
・キンバリー・ライトービオリッヒ（シュワッブ寄付基金　前理事長）

B　姉妹図書紹介

本書は、ここで紹介する論文集（*New Frontiers of Philanthropy: A Guide to the New Actors and Tools Reshaping Global Philanthropy and Social Investing.* 〔Edited by Lester M. Salamon, New York: Oxford University Press, 2014〕）のイントロダクション部分を独立させたものである。論文集は、各領域の第一線で活躍する実務家や研究者が執筆しており、現時点では、フィランソロピーのニューフロンティアの全体像を概観する唯一の貴重な学術文献となっている。また、本論文集は、個々の事例の紹介のみにとどまらず、第四部「分野横断的課題」において、フィランソロピーのニューフロンティアがはらむ様々な課題や将来の展望を多角的に分析している点でも重要である。この領域に関する研究は、まだ個々のケース・スタディにとどまっており、体系的な分析は進んでいない。こうした状況の中で、本書は、今後、この領域の研究を進めていく上で必須の基本文献となるだろう。

目　次

謝　辞
緒　言　ウィリアム・ディーテル（ディーテル・パートナーズ）
まえがき　マリオ・モリノ（ベンチャー・フィランソロピー・パートナーズ）
執筆者一覧
第一部　イントロダクション
第一章　フィランソロピーのニューフロンティアにおける革命――イントロダクション（レスター・M・サラモン〔ジョンズ・ホプキンス大学〕）
第二部　新たなアクターたち
第二章　社会的投資仲介機関（リサ・リヒター〔GPSキャピタル・パートナーズ〕）
第三章　流通市場（デビッド・J・エリクソン〔サンフランシスコ連邦準備銀行〕）
第四章　社会的取引市場と環境取引市場（ドゥリーン・シャナズ&ロバート・クレイビル〔インパクト投資取引〕〔IIX〕）、レスター・M・サラモン〔ジョンズ・ホプキンス大学〕）
第五章　「フィランソロピー銀行」としての財団（レスター・M・サラモン〔ジョンズ・ホプキンス大学〕）、ウィリアム・ブーカート〔インパクト・エコノミー〕）
第六章　社会的投資ブローカー（リサ・ハガマン〔DBLインベスターズ〕）、デビッド・ウッド〔ハーバード大学〕）

第七章　キャパシティ・ビルディング支援組織とベンチャー・フィランソロピー（メリンダ・Ｔ・トゥアン〔メリンダ・トゥアン・コンサルティング〕）
第八章　オンライン寄付・投資サイト（ヴィンス・シュティール〔メディア・インパクト・ファンダーズ〕）
第九章　企業設立寄付基金（リック・コーエン〔ノンプロフィット・クオータリー〕）
第一〇章　共同資金支援（アンジェラ・Ｍ・アイケンベリー〔ネブラスカ大学〕、ジェシカ・ベアマン〔ベアマン・コンサルティング〕）
第三部　新たなツール
第一一章　概観――「フィランソロピー」の新たなツール（ルーテル・ラギン・ジュニア〔グローバル・インパクト投資ネットワーク〔ＧＩＩＮ〕〕）
第一二章　ローン、ローン保証、信用補完（ノラ・マクベイ〔ノンプロフィット・ファイナンス・ファンド〕、ジュリア・サス・ルビン〔ルトガーズ大学〕）
第一三章　確定利付証券（シャリ・ベレンバッハ〔米国アフリカ開発財団〕、エリーズ・バルボーニ〔地元イニシアチブ支援機構〔ＬＩＳＣ〕〕）
第一四章　証券化（メアリー・ティンガーサル〔ミネソタ住宅金融局〕）
第一五章　未公開株式投資（モニカ・ブランド〔アクシオン・インターナショナル〕、ジョン・コーラー〔サンタ・クララ大学〕）
第一六章　社会的インパクト債／成功報酬債（ドルー・フォン・グラーン〔世界銀行〕、キャロライン・フィッスラー〔サードセクター・キャピタル・パートナーズ〕）
第一七章　保険（クレイグ・チャーチル＆ローレン・ピーターソン〔国際労働機関〕）
第一八章　社会的責任投資・購入（スティーブ・リンデンバーグ〔ドミニ社会的投資〕、ケイティー・グレイス〔ハーバード大学〕）

第一九章　助成金（ピーター・フラムキン〔ペンシルバニア大学〕）

第四部　分野横断的課題

第二〇章　勝者と敗者は誰か？　新たなフィランソロピー市場の分配インパクト

一　敗者は誰か？（マイク・エドワーズ）

二　勝者は誰か？（マシュー・ビショップ〔エコノミスト誌〕、マイケル・グリーン〔ソーシャル・プログレス・インペラティブ〕）

第二一章　フィランソロピー市場における需要面（アレックス・ニコルズ〔オックスフォード大学〕、ロドニー・シュバルツ〔ClearlySo〕）

第二二章　インパクト追求の捉え難さ——進化する社会的インパクト評価の実践（ブライアン・トレスタッド〔ブリッジ・ベンチャーズ〕）

第二三章　グローバルな視角から見たフィランソロピーのニューフロンティア（マキシミリアン・マーチン〔インパクト・エコノミー〕）

第二四章　より促進的な環境の創設——フィランソロピーのニューフロンティアのための政策課題（シャーリー・サガワ〔センター・フォー・アメリカン・プログレス〕）

注

第一章

（1）"USAID and Impact Investors Capitalize New Equity Fund for East African Agribusiness," Microfinance Africa.（http://seedstock.com/2011/10/05/usaid-global-impact-investing-network-join-to-create-east-africa-agriculturalinvestment-fund/, accessed 2013. 5. 11.）参照。

（2）社会的インパクト投資の文脈におけるこの用語の議論についてはJessica Freireich, and Kathryn Fulton, *Investing for Social and Environmental Impact*, n.p.: Monitor Institute, 2009, p. 33.（以下、2009 *Monitor Report*）参照。

（3）助成団体のこの非伝統的事業運営とその先駆的機関に関するより詳細な説明については、本書第二章および姉妹書第五章（付録B参照）を参照。

（4）John Tzetzes, *Book of Histories*（*Chiliades*）, trans. Francis R. Walton（Lipsiae, 1826）, 2, pp.129–130.

（5）比較のために、二〇一〇年時点で米国財団が保有する資産は総額六一八〇億ドルで、これはおよそ四五〇億ドルの助成金を生み出している。これに対して、アメリカの市中銀行が保有する資産は総額一四・四兆ドル（財団総資産のおよそ二五倍）、投資信託が八兆ドル、保険会社が六・六兆ドル、公社債投資信託が二・八兆ドルである。ここでいう「レバレッジ」という言葉は、財団の貸借対照表に巨額の負債を計上するという意味ではなく、むしろ社会・環境目的に投入される民間投資資本の拡大を促進するために財団資金を活用するという意味である。近年の金融危機は、過剰なレバレッジの危険性についての教訓に満ちているが、フィランソロピーの世界は深刻なレバレッジ不足の状態にある。これは、深刻な社会・環境的問題を悪化するままに放置しているという点で、それ自体が危険である。詳細については、米国助成財団センターの助成財団

データ "Highlights of Foundation Yearbook," *Foundations Today Series*, 2011.（http://foundationcenter.org/gainknowledge/research/pdf/fy2011_highlights.pdf, accessed 2013. 5. 10.）や、米国国勢調査局報告 *Statistical Abstract of the United States*, 2012.（http://www.census.gov/compendia/statab/cats/banking_finance_insurance/financial_assets_and_liabilities.html, accessed 2013. 5. 10.）に掲載されている連邦準備銀行による他機関データ等を参照。

（6）国際マイクロファイナンス投資家協会 "Microfinance Investment," International Association of Microfinance Investors.（http://www.iamfi.com/microfinance_investment.html, accessed 2013. 5. 11.）のデータに基づく。

（7）"About Us," Aavishkaar.（http://www.aavishkaar.in, accessed 2012. 8. 12.）

（8）Grassroots Business Fund, *2011 Annual Report of the Grassroots Business Fund*, Washington, DC: Grassroots Business Fund, 2011.（http://gbfund.org/sites/default/files/GBF_AR_2011.pdf, accessed 2013. 5. 11.）

（9）"The Bamboo Finance Private Equity Group," Bamboo Finance.（www.bamboofinance.com, accessed 2013. 5. 11.）

（10）Small Enterprise Assistance Fund（SEAF）, "Our Impact."（http://seaf.com/index.php?option=com_content&view=article&id=36&Itemid=82&lang=en, accessed 2013. 6. 6.）

（11）Salamon, L. M.（ed.）2014, chap. 2.

（12）C. K. Prahalad, *The Fortune at the Bottom of the Pyramid: Eradicating Poverty through Profits*, Philadelphia: Wharton School Publishing, 2004.（邦訳：スカイライト・コンサルティング訳『ネクスト・マーケット　増補改訂版――「貧困層」を「顧客」に変える次世代ビジネス戦略』英治出版、二〇一〇年）

（13）Lucy Carmody, Benjamin McCarron, Jenny Blinch, and Allison Prevatt, *Impact Investing in Emerging*

Markets, Singapore: Responsible Research, 2011, p. 102.

(14) 「インパクト投資」という用語が持つ困難のいくつかについては、以下の分析および姉妹書第二〇章（付録B参照）を参照。

(15) Antony Bugg-Levine and Jed Emerson, *Impact Investing: Transforming How We Make Money While Making a Difference*, San Francisco: Jossey-Bass, 2011, p. 151.

(16) Lester M. Salamon, ed., *New Frontiers of Philanthropy: A Guide to the New Tools and Actors Reshaping Global Philanthropy and Social Investing*, New York: Oxford University Press, 2014. なお、本書の目次詳細については付録Bも参照。

(17) Christa Velasquez, "Advancing Social Impact Investment through Measurement." (http://www.frbsf.org/cdinvestments/conferences/socialimpact-investments/transcript/Velasquez_Panel_3.pdf, accessed 2013. 5. 11.)

(18) 以下でより詳細に説明するが、「フィランソロピー資本主義」という言葉は、マシュー・ビショップとマイケル・グリーンが、ビル・ゲイツのようにフィランソロピーに関心を転じたIT億万長者たちで構成される新たな社会階層を表すために考案したものである。詳細については、Matthew Bishop and Michael Green, *Philanthrocapitalism: How the Rich Can Save the World*, New York: Bloomsbury, 2008. を参照。「インパクト投資」と「インパクト投資家」という言葉は、ロックフェラー財団が社会・環境目的活動に利用できる資金源の拡大を検討するために招集したフィランソロピストと投資家のグループが考案したものである。

(19) この定義は、ウェブスターの新世界辞典の定義と整合性を持っている。同辞典は、「フィランソロピー」を「人類を支援しようという欲望」と、「フィランソロピー的」を「人類の福祉一般に対する関心」とそれぞれ定義している。Victoria Neufeldt, *Webster's New World Dictionary of American English, Third College Edition*, New York: Prentice Hall, 1991, p. 1014.

(20) *Webster's New World Dictionary, Third College Edition*, p. 1272.

(21) Frieriech and Fulton, 2009 *Monitor Report*, p. 6.

(22) Nick O'Donohoe, Christina Leijonhufvud, Yasemin Saltuk, Antony Bugg-Levine, and Margot Brandenburg, *Impact Investments: An Emerging Asset Class*, New York: J. P. Morgan, 2010, p. 5.

(23) Bugg-Levine and Emerson, *Impact Investing*, p. 9.

(24) Steven Godeke and Raúl Pomares with Albert V. Bruno, Pat Guerra, Charly Kleisner, and Hersh Shefrin, *Solutions for Impact Investors: From Strategy to Implementation*, New York: Rockefeller Philanthropy Advisors, 2009, p. 10.

(25) Bugg-Levine and Emerson, *Impact Investing*, p. 9.

(26) Freireich and Fulton, 2009 *Monitor Report*, pp. 35–36.

(27) Kevin Starr, "The Trouble with Impact Investing: P1," *Stanford Social Investment Review*, January 24, 2012.（http://www.ssireview.org/blog/entry/the_trouble_with_impact_investing_part_1, accessed 2013. 5. 11.）

(28) サンフランシスコ連邦準備銀行の「コミュニティ開発金融レビュー」最新号の巻頭記事で、ソーンレイとデイレイは、「国内の低所得者マーケットにおける社会的リターンを目的とする投資にのみ」焦点を当てていることを明確にするため、「インパクト投資」ではなく「コミュニティ・インパクト投資」という言葉を使用するよう注意を喚起している（Ben Thornley and Colby Dailey, "Building Scale in Community Impact Investing through Nonfinancial Performance Measurement," *Community Development Investment Review* 6.1, 2010, p. 3.）。

(29) Bugg-Levine and Emerson, *Impact Investing*, p. xix.

(30) この使用法は、国際的なサークル内でも支持を獲得しつつある。たとえば、イギリスに新設されたビッグ・

ソサエティ・キャピタルは、自身の活動分野を「社会的投資」と呼び、「金銭的リターンと同様に社会的リターンを生み出す資金の提供および使用」と定義している（"Social Investment Is a Way of Using Capital to Generate Social Impact as well as Some Financial Return for Investors," Big Society Capital. http://www.bigsocietycapital.com/what-social-investment. , accessed 2013. 5. 11.）。

（31） 前者の立場については、たとえば、Rob Schwartz, *Social Investment*, London: ClearlySo, 2012. を参照。後者の立場については、Freireich and Fulton, 2009 *Monitor Report*, p. 14. を参照。

（32） アメリカでは、中核となる非営利組織とその他結社の資金源の内訳は以下のようになっている。（財団・個人等を含めたすべての）民間フィランソロピーから一〇%、政府の補助金と支払から三八%、民間のサービス料と支払から五二%（Lester M. Salamon, *America's Nonprofit Sector: A Primer*, 3rd ed., New York: Foundation Center, 2012, p. 39.）。

（33） Lester M. Salamon and Stephanie Geller, "Investment Capital: The New Challenge for American Nonprofits," *Communiqué* 5. (Baltimore: Johns Hopkins Nonprofit Listening Post Project, 2006, p. 5. 〔http://ccss.jhu.edu/publications-findings?did=265〕)

（34） Salamon and Geller, "Investment Capital," p. 8.

第二章

（1） これに含まれるのは、the Kentucky Highlands Investment Corporation（1968）, the Massachusetts Capital Resource Company（1977）, the Arkansas Capital Corporation（1985）, and Kansas Venture Capital, Inc.（1987）である。詳細については、"Kentucky Highlands Investment Corporation," Rural Housing and Economic Development Gateway, US Department of Housing and Urban Development（http://www.hud.gov/offices/cpd/economicdevelopment/programs/rhed/gateway/pdf/KentuckyHighlands.pdf, accessed

2013. 3. 2.）; “Mass Capital, Company,” Massachusetts Capital Resource Company（http://www.masscapital.com/company/, accessed 2013. 5. 11.）; “Company History & Information,” Arkansas Capital Corporation Group（http://arcapital.com/programs/our-history/, accessed 2013. 5. 11.）; “Kansas Venture Capital, Inc.（“KVCI”),” Kansas Venture Capital, Inc.（http://www.kvci.com/, accessed 2013. 5. 11.）を参照。これら初期の団体に関する参考文献については、ベルデン・ダニエルズに負っている。

（2） これには以下のプログラムが含まれる。①低所得者向け住居税額控除（the Low-Income Housing Tax Credit）、これは低所得者向け住居への民間投資に対して税制優遇を提供する。②一九七七年のコミュニティ再投資法（the 1977 Community Reinvestment Act）、これはある銀行が支店を開設する際、預金募集対象地域の低所得者居住地区に対する銀行の投資コミットメントを条件に、開設の認可決定を下すというものである。③低所得者と低所得コミュニティの経済状況改善を基本ミッションとする、いわゆるコミュニティ開発金融機関への税制優遇と補助金、である。この発展過程に関するより詳細な議論については、David Erickson, *The Housing Policy Revolution*, Washington, DC: Urban Institute Press, 2008; Lean Benjamin, Julia Sass Rubin, and Sean Zielenbach, “Community Development Financial Institutions: Expanding Access to Capital in Under-served Markets,” in *The Community Development Reader*, ed. James DeFilippis and Susan Saegert, New York: Routledge, 2008. を参照。

（3） 「インパクト投資」を「アセット・クラス」とみなす議論については、O'Donohoe et al., *Impact Investments*, p. 6. を参照。

（4） CGAP, “The History of Microfinance,” prepared for CGAP UNCDF donor training, “The New Vision of Microfinance: Financial Services for the Poor.”（http://www.slideshare.net/JosephSam/the-history-of-microfinance-cgap, accessed 2013. 6. 11.）（Lisa Richter, “Capital Aggregators,” Chapter 2 in Salamon, *New Frontiers of Philanthropy* が引用）

(5) "CDFI Data Project," Opportunity Finance Network.（http://www.opportunityfinance.net/industry/default.aspx?id=234, accessed 2014. 2. 13.）; O'Sonohoe et al., *Impact Investments*, pp. 80–81.

(6) このコンセプトは、Freireich and Fulton, 2009 *Monitor Report*, p. 32. で初めて明確化された。Thornley and Dailey, "Nonfinancial Performance Measurement," p. 6. も参照。

(7) この図は、Freireich and Fulton, 2009 *Monitor Report*, p. 32. に掲載されたものを採用した。しかし、Freireich and Fulton は、すべての社会的インパクト投資家が、同一の金銭的・社会的インパクト期待を持つと前提しているが、現実には、これは疑わしいだろう。ただし、社会的リターン優先投資家、金銭的リターン優先投資家、さらにこの中間にいる多くの投資家がそれぞれ想定している社会的リターンと金銭的リターンには、ある程度意味のある共通基盤が存在するという基本的考え方は、この分野にとって決定的に重要なものである。

(8) "About Us," Acumen Fund.（http://acumen.org/, accessed 2012. 8. 18.）

(9) たとえば、ウィロー・インパクト・インベスターズは、自分たちを「マーケット・レートのリターンを生み出すことを追求しつつ、同時に目に見える形で肯定的な環境インパクトや社会的便益を提供するビジネスに投資しようという投資戦略組織」を目指していると記述している。"Investment Policy," Willow Impact Investors.（http://www.willowimpact.com/about-us/company/investment-policy.html, accessed 2013. 3. 2.）

(10) Adam Gromis, Impact Exchange Manager, e-mail to author, September 4, 2012. Jasmin Saltuk, Amit Bouri, and Giselle Leung, *Insight into the Impact Investment Market: An In-Depth Analysis of Investor Perspectives and over 2,200 Transactions*, London: J.P. Morgan Social Investment, 2011, p. 8.

(11) Richter, "Capital Aggregators."

(12) "Global Trends in Clean Energy Investment: Q4 2009 Clean Energy Fact Pack," New Energy Finance.（http://www.newenergyfinance.com, accessed 2013. 5. 11.）

(13) O'Donohue et al., *Impact Investments*, p. 6.

(14) Carmody et al., *Impact Investing in Emerging Markets*, 10.; O'Donohoe et al., *Impact Investments*, pp. 34–35.; Saltuk, Bouri, and Leung, *Impact Investment Market*, pp. 24–27.

(15) 「証券化」ツールの議論については、Chapter 14 by Mary Tingerthal in *New Frontiers of Philanthropy*. を参照。

(16) David J. Erickson, "Secondary Markets," Chapter 3 in Salamon, *New Frontiers of Philanthropy*.

(17) "Quick Facts," Community Reinvestment Fund.（http://www.crfusa.com/AboutCRF/Pages/QuickFacts.aspx, accessed 2012. 9. 1.）

(18) "Flexible Capital Access Program（FlexCap）: Investment Summary," Habitat for Humanity International.（https://www.missioninvestors.org/system/files/tools/Habitat%20for%20Humanity%27s%20FlexCAP%20summary.pdf, accessed 2013. 5. 11.）

(19) "Fact Sheet," Blue Orchard.（http://www.blueorchard.com/jahia/webdav/site/blueorchard/shared/Publications%20and%20Resources/BlueOrchard%20Factsheets/0907_Fact%20sheet%202009_EN.pdf, accessed 2013. 5. 11.）

(20) Durreen Shahnaz and Robert Kraybill, "Social and Environmental Exchanges," Chapter 4 in Salamon, *New Frontiers of Philanthropy*.

(21) World Bank, *State and Trends of the Carbon Market*, Washington, DC: World Bank Group, 2011, p. 9.（http://siteresources.worldbank.org/intcarbonfinance/Resources, accessed 2013. 5. 11.）なお、二〇一三年に、欧州議会は、価格低下を踏まえた新規許可発行抑制に向けた提案を否決している。これを含む近年の潮流についての議論は、Stanley Reed and Mark Scott, "In Europe, Paid Permits for Pollution Are Fizzling," *New York Times*, April 22, 2013, B1. を参照。

(22) Evan Weaver, "Marrying Cash and Change: Social 'Stock Markets' Spread Worldwide," *Christian Science Monitor*, August 30, 2012.（http://www.csmonitor.com/World/Making-a-difference/Change-Agent/2012/0830/Marrying-cash-and-change-Social-stock-markets-spread-worldwide, accessed 2013. 11. 15.）

(23) Carmody et al., *Impact Investing in Emerging Markets*, p. 60.

(24) "The IDB Group: Your Partner for Impact Investing in Latin America and the Caribbean," IDB Group.（http://idbdocs.iadb.org/wsdocs/getdocument, accessed 2012. 5. 11.）

(25) "About Us," NESTA.（http://www.nesta.org.uk/about_us, accessed 2013. 5. 11.）; Robert Hutton, "Cameron Opens $1 Billion Big Society Bank to Fund Charities," Bloomberg, April 4, 2012.（http://www.bloomberg.com/news/2012-04-03/cameron-opens-1-billion-big-society-bank-to-fund-charities.html, accessed 2013. 5. 11.）; "How We Are Funded," Big Society Capital.（http://www.bigsocietycapital.com/how-we-are-funded, accessed 2013. 5. 11.）

(26) 最近のある推計は、アメリカの財団資産のうちこのような投資審査基準を採用している資産の合計額をおよそ六〇〇億ドルとしている。これは財団資産総額の約一〇％にあたり、まだほんの小さな割合でしかないが成長しつつある。US SIF, Forum for Sustainable and Responsible Investment, *Report on Sustainable and Responsible Investing Trends in the United States: 2012*, Washington, DC: US SIF, 2012, p. 54. このような「社会的責任投資」に関する詳細については、姉妹書第一八章（付録B参照）を参照。

(27) たとえば、アメリカの法律では、少なくとも総資産価値の五％を助成財団が慈善目的の助成金やこのための運営管理費に支出することを求めている。

(28) Lester M. Salamon and William E. Burckart, "Foundations as Philanthropic Banks," Chapter 5 in Salamon, *New Frontiers of Philanthropy*.

(29) これら機関の数を確定するにあたっては、トマス・ヴァン・ダイクとシャリ・ベレンバッハに多くを負っている。

(30) プログラム関連投資を行っている財団数と、近年プログラム関連投資として認定された支出割合に関するデータは、Steven Lawrence, "Doing Good with Foundation Assets: An Updated Look at Program-Related Investments," in *The PRI Directory*, 3rd ed., Foundation Center, New York: Foundation Center, 2010, p. xiii. に基づく。アメリカの民間財団総数は、Foundation Center, *Foundation Yearbook*, New York: Foundation Center, 2010. による。内国歳入庁は、最近、プログラム関連投資の使用促進に向けた取り組みの一環としてプログラム関連投資規制基準を満たす活動類型例を拡張する提案を出した。Internal Revenue Service, "Notice of Proposed Rulemaking: Examples of Program-Related Investments REG-144267-11," in *Internal Revenue Bulletin: 2012-21*, May 21, 2012.（http://www.irs.gov/irb/2012-21_IRB/ar11.html, accessed 2013. 4. 13.）

(31) Lisa Hagerman and David Woods, "Enterprise Brokers," Chapter 6 in Salamon, *New Frontiers of Philanthropy*.

(32) この「新たなキャパシティ・ビルディング支援組織」の詳細については、Melinda Tuan, "Capacity Builders and Venture Philanthropy," Chapter 7 in Salamon, *New Frontiers of Philanthropy*. を参照。

(33) Christine Letts, William Ryan, and Allen Grossman, "Virtuous Capital: What Foundations Can Learn from Venture Capitalists," *Harvard Business Review*, March–April 1997, pp. 36–46.

(34) Edna McConnell Clark Foundation, "How We Work."（http://www.emcf.org/how-we-work/, accessed 2013. 5. 11.）

(35) "About Us," New Profit.（http://newprofit.com/cgi-bin/iowa/about/9.html, accessed 2013. 5. 11.）

(36) European Venture Philanthropy Association, *European Venture Philanthropy Directory 2010/11*, Brussels: European Venture Philanthropy Association, 2010, p. 15. アメリカのカウンターパートと異なり、ヨーロッ

パのベンチャー・フィランソロピー組織は、通常、助成金による資金提供に活動を限定する米国ベンチャー・フィランソロピーの特質と、我々が「フィランソロピー銀行としての財団」と名づけた、はるかに広範な金融手段を使用する手法とを組み合わせている。

（37） “About,” The Hub.（http://www.the-hub.net/about, accessed 2012. 10. 20.）

（38） “About,” Opportunity Finance Network.（www.opportunityfinance.net/about, accessed 2012. 10. 12.）

（39） “About Us,” UN PRI.（http://www.unpri.org, accessed 2012. 10. 20.）; “About Us,” Social Investment Forum.（http://www.socialinvest.org, accessed 2012. 10. 20.）

（40） “About Us,” CGAP.（http://www.cgap.org/p/site/c/aboutus/, accessed 2012. 10. 20.）

（41） “What's New in Mission Investing,” Mission Investors Exchange.（http://www.moreformission.org, accessed 2012. 10. 20.）; “About Mission Investors Exchange,” Mission Investors Exchange.（https://www.missioninvestors.org/about-us, accessed 2012. 10. 20.）; “The Origins of Mission Investors Exchange,” Mission Investors Exchange.（http://www.missioninvestors.org/about-us/origins-mission-investors-exchange, accessed 2012. 10. 20.）

（42） Freireich and Fulton, 2009 *Monitor Report*, p. 12.

（43） O'Donohoe et al., *Impact Investments*, p. 17.

（44） これら諸団体の詳細については、Vince Stehle, “On-Line Portals and Exchanges,” Chapter 8 in Salamon, *New Frontiers of Philanthropy*. を参照。

（45） Markets for Good, *Upgrading the Information Infrastructure for Social Change*, Summer 2012, p. 11.（http://www.marketsforgood.org/wordpress/wp-content/uploads/2012/11/MarketsforGood_Information-Infrastructure_Fall-2012_.pdf, accessed 2013. 5. 11.）

（46） “About,” Kiva.（http://www.kiva.org/about/stats, accessed 2012. 10. 20.）

(47) "TechSoupGlobal by the Numbers, Quarterly Report, October 2010," TechSoupGlobal.（http://www.techsoupglobal.org/press/selectcoverage, accessed 2013. 5. 11.）

(48) "Our 2011 Annual Report Infographic," VolunteerMatch.（http://blogs.volunteermatch.org/engagingvolunteers/2012/06/25/our-2011-annual-report-infographic-the-story-of-you/, accessed 2012. 10. 23.）

(49) これら諸団体の詳細については、Rick Cohen, "Corporate-Originated Charitable Funds," Chapter 9 in Salamon, *New Frontiers of Philanthropy*. を参照。

(50) "2011 Donor-Advised Fund Report," National Philanthropic Trust.（http://www.nptrust.org/images/uploads/2011%20Donor-Advised-Fund-Report%281%29.pdf, accessed 2013. 5. 11.）

(51) 企業設立寄付基金に対する初期の批判は、法的にみてこれら基金が民間財団ではなく「パブリック・チャリティ」として設立されているため、毎年少なくとも総資産の五％を助成金として支出しなければならないという要件など、民間財団に課せられている法的制限を免れているという事実に向けられていた。しかし、コーエンが示しているように、これら基金がより積極的な支出奨励手続きを確立するに伴い、ほとんどは、少なくとも民間財団に求められているのと同程度の割合で助成金を支出するようになっていることが判明している。

(52) この議論は、Lester M. Salamon, "Privatization for the Social Good: A New Avenue for Global Foundation-Building," in *The Privatization Barometer*, July 2010, pp. 48–54. および Lester M. Salamon, *Philanthropication thru Privatization: Building Assets for Social Progress*, New York: East-West Management Institute, 2013.（Available at http://bit.ly/1brWDcL）で展開した議論を主として利用している。

(53) これらの他の財団の例としては、Deutsche Bundesstiftung Umwelt, Landesstiftung Baden-Wurtemberg. および Stiftung Innovation, Rhineland-Palatinate. などがある。

（54）Salamon, *Philanthropication thru Privatization.*

（55）たとえば、一九九〇年にイタリアは小規模・非営利の準公的貯蓄銀行八八行を合資会社に転換させたが、この結果発行された株式の所有権を、転換前の貯蓄銀行の慈善事業部門を継承して設立された八八財団の手元に残した。この株式を所有していた銀行間で多くの合併・併合がなされたおかげで、一九九四年に八八財団が株式売却を認められた時には、株式の時価総額は二四〇億ユーロ（現在の為替レートで三一〇億ドル相当）以上になった。その後、この「銀行を起源とする財団」の資産はさらに拡大し、この結果、イタリアはフィランソロピー停滞国から、一人あたり財団基本財産規模でみた場合、世界でも主導的なフィランソロピー大国の一つへと変容するフィランソロピー革命が生まれた。二〇〇八年時点で、イタリアの「銀行を起源とする財団」の総資産は五〇〇億ユーロ（およそ六五〇億ドル相当）を超えている。Fondazione Cariplo と Compagnia di San Paolo は、これら財団の中で最も巨大なものの二つだが、二〇〇八年時点で、共に九〇億ユーロ（およそ一二〇億ドル）を超える資産を保有している。これは、ロックフェラー財団（二〇〇八年時点で資産総額三一億ドル）や、アメリカ第二位の規模を持つフォード財団（二〇〇八年時点で資産総額九一億ドル）などの主要米国財団を上回っている（Data on US foundations from Foundation Center, *Foundation Yearbook: Facts and Figures on Private and Community Foundations, 2008 Edition*〔New York: Foundation Center, 2008〕, 18. Data on Ford Foundation: "About," Ford Foundation.〔http://www.fordfound.org/about, accessed 2010. 2. 6.〕）。事実上、同一のプロセスがニュージーランドではそれ以前に起きている。この際は、ニュージーランドの非営利貯蓄銀行が株式会社に転換し、その株式は一二のコミュニティ信託基金のネットワークに投じられた。より最近では、アメリカで多くの非営利健康保険組織や病院が営利会社に買収された際、いわゆる「保健医療型転換財団」が二〇〇近く設立されることになった。この中には、三三億ドルのカリフォルニア・エンダウメントも含まれる。詳細については、Grantmakers in Health, "A Profile of Foundations Created from Health Care Conversions," 2009.（http://www.gih.org/

files/usrdoc/2009_Conversion_Report.pdf. , accessed 2013. 11. 15.）を参照。

（56）これらの共同資金支援の詳細については、Angela Eikenberry and Jessica Bearman, “Funding Collaboratives,” Chapter 10 in Salamon, *New Frontiers of Philanthropy*. を参照。

（57）“Global Gathering,” TONIIC.（http://toniicglobalgathering.eventbrite.com/, accessed 2012. 10. 19.）

（58）“History,” Living Cities.（http://www.livingcities.org/about/history/, accessed 2012. 10. 19.）

（59）“About,” Angel Investors Network.（http://www.angelinvestors.net/about, accessed 2012. 10. 19.）

第三章

（1）金融ツールを含めた政府機関における多様な活動ツールの使用分析については、Lester M. Salamon, *The Tools of Government: A Guide to the New Governance*, New York: Oxford University Press, 2002. を参照。

（2）Lawrence, “Doing Good,” p. xvi.

（3）Sarah Cooch and Mark Kramer, “Compounding Impact: Mission Investing by US Foundations,” FSG Social Impact Advisors, 2007, p. 17.（http://www.cdfifund.gov/what_we_do/resources/Compounding%20Impact%20Mission%20Investing%20by%20US%20Foundations.pdf. , accessed 2013. 11. 15.）

（4）Saltuk, Bouri, and Leung, *Impact Investment Market*, pp. 11–12. なお、この報告は、発表から二年後に、未公開株式手法を使用していると報告した調査対象インパクト投資家の割合が債務手法を使っていると報告した割合より「八三%上回っている」から「六六%上回っている」に修正した。しかし、それぞれの投資家が行った各類型の取引数に関する情報は提供されていない（Yasemin Saltuk, Amit Bouri, Abhilash Mudaliar, and Min Pease, *Perspectives on Progress: The Impact Investor Survey*, London: J.P. Morgan Social Finance, January 2013, p. 9.）。

（5）ローンと信用補完の特色・運営の詳細については、Norah McVeigh and Julia Sass Rubin, “Loans, Loan

"Guarantees, and Credit Enhancements," Chapter 12 in Salamon, *New Frontiers of Philanthropy*. を参照。

（6）"USAID, Global Impact Investing Network Join to Create East Africa Agricultural Investment Fund," SeedStock.（http://seedstock.com/2011/10/05/usaid-global-impact-investing-network-join-to-create-east-africa-agricultural-investment-fund/, accessed 2013. 5. 11.）

（7）詳細については、Alex Nichols and Rod Schwartz, "The Demand Side of the Philanthropic Marketplace," Chapter 21 in Salamon, *New Frontiers of Philanthropy*. を参照。

（8）Financial Markets Series, *Bond Markets 2011*（London: TheCityUK, 2011）, 1.（http://www.thecityuk.com/assets/Uploads/BondMarkets2011.pdf, accessed 2013. 5. 11.）

（9）社会的インパクト投資における債券の使用と運営についての詳細は、Shari Berenbach and Elise Balboni, "Fixed-Income Securities," Chapter 13 in Salamon, *New Frontiers of Philanthropy*. を参照。

（10）"Bonds," IFFIm.（http://www.iffim.org/bonds/, accessed 2013. 5. 11.）

（11）"Community Investment Note," Calvert Foundation.（http://www.calvertfoundation.org/invest/how-to-invest/community-investment-note, accessed 2013. 5. 11.）参照。

（12）投資家から資金を調達するビークルとして、証券化取引のいくつかは、債券ではなく債務担保証券（Collateralized Debt Obligation：CDO）と呼ばれる金融手法を使用している。債務担保証券は、多様な種類のローンを担保にし、各ローンごとに異なる満期、利率、リスクを持つ「トランシェ」として売却可能である。社会的目的分野における証券化の詳細については、Tingerthal, "Securitization," in Salamon, *New Frontiers of Philanthropy*. を参照。

（13）株式と準株式の詳細については、Monica Brand and John Kohler, "Private Equity Investments," Chapter 15 in Salamon, *New Frontiers of Philanthropy*. を参照。

（14）Cooch and Kramer, *Compounding Impact*, p. 17. その後、ミッション投資を行っている七四財団を対象に

米国財団センターが行った研究では、これらの機関のうち半分がミッション関連株式投資を行っているが、ほとんどは公開株式取引の形で行っていること、ただし、三分の一の財団は一般の小規模社会的企業が利用できる未公開株式投資も行っていると回答したことが明らかになっている（Steven Lawrence and Reina Mukai, *Key Facts on Mission Investing*, New York: Foundation Center, 2011, p. 3）。

（15） Saltuk, Bouri, and Leung, *Impact Investment Market*, p. 11.

（16） Saltuk et al., *Perspectives on Progress*, p. 9.

（17） Joshua Humphreys, "Sustainability Trends in US Alternative Investment," US SIF Foundation: Forum for Sustainable and Responsible Investment, 2011, p. 3.（http://www.investorscircle.net/accelsite/media/3195/Sustainability%20Trends%20in%20US%20Alternative%20Investments%20Report.pdf, accessed 2012. 10. 19.）

（18） この一連のベンチャー・キャピタル・ファンドは、コミュニティ開発ベンチャー・キャピタル連合（the Community Development Venture Capital Alliance：CDVCA）という事業者団体が支援している。

（19） "Equity Investments," Kentucky Highlands Investment Corporation.（http://www.khic.org/equity.html, accessed 2012. 11. 3.）同じタイプのファンドのもう一つの事例としては、二六年の歴史を持ち、メイン州ウィスキャセットに本部を置くCEIベンチャーズというコミュニティ開発金融機関の営利子会社がある。これは、ニューイングランド州北部の低所得者層に良質な仕事を提供している将来性の高い会社に株式投資を行っている。同社のコースタル・ベンチャーズⅡファンドは、三〇の機関投資家および個人投資家から二〇〇〇万ドルを調達して、「社会的利益のある製品・サービスの提供、女性・少数民族に対する機会の提供、環境に優しいビジネスの実施、疲弊した農村コミュニティの所得向上などを促進する」会社に株式投資を行っている。"Overview," CEI Ventures.（http://www.ceiventures.com/, accessed 2012. 11. 3.）

（20） "About Us," Aavishkaar.（http://www.aavishkaar.in/about-us/, accessed 2012. 11. 4.）

(21) Humphreys, "US Alternative Investment."

(22) これらの諸点および株式投資の他の諸特徴に関する議論については、Monica Brand and John Kohler, "Private Equity Investments," Chapter 15 in Salamon, *New Frontiers of Philanthropy*. を参照。

(23) 「社会的責任投資・購入」ツールのより詳しい議論については、Steve Lydenberg and Katie Grace, "Socially Responsible Investing and Purchasing," Chapter 18 in Salamon, *New Frontiers of Philanthropy*. を参照。

(24) US Social Investment Forum Foundation, *Sustainable and Responsible Investing Trends*, 11; Eurosif, *European SRI Study: 2012*, Brussels: Eurosif, 2012, p. 63.（http://www.eurosif.org/research/eurosif-sri-study/sri-study-2012, accessed 2013. 5. 11.）

(25) Social Enterprise UK, *Fightback Britain: A Report on the State of Social Enterprise Survey 2011*, London: Social Enterprise UK, 2011, p. 15.

(26) 一般に、「仲介取引市場（matched bargain market）」は投資会社が運営する私設取引プラットフォームである。これを通じて社会目的投資家は、特定マーケットに参入しようとする他の投資家に自分たちが保有する株式を売却することができる。一つの例は、イギリスの倫理的不動産会社（the Ethical Property Company：EPC）である。このソーシャル・ベンチャーは、イギリスの社会目的組織にオフィス・スペースを提供している。同社は、株式売却を通じて調達した資金で不動産取得資金を賄っているが、その株式はロンドン証券取引所やオルタナティブ投資市場では売却されない。同社の一三五七人の株主は、株式仲買会社ブレウィン・ドルフィンの一部門であるストックトレード（Stocktrade）が運営している仲介取引市場を通じてその株式を購入しているのである。ストックトレードは、EPCも含めてこの仲介取引市場を通じた事業資金の調達を選択したソーシャル・ベンチャーのために、株式の買い手と売り手の仲介取引をすべて扱い、また、このために必要なあらゆる努力に責任を持っている。"How to Invest," Ethical Property.（http://www.ethicalproperty.co.uk/howtoinvest.php, accessed 2012. 11. 4.）

(27) "Investment Approach," Aavishkaar.〔http://www.aavishkaar.in/about-us/investment-approach/, accessed 2012. 11. 4.〕

(28) 「準株式」の詳細については、Brand and Kohler, "Private Equity Investments," in Salamon, *New Frontiers of Philanthropy.* を参照。

(29) HCTグループの情報については、"Welcome to HCT Group," HCT Group.〔http://www.hctgroup.org, accessed 2012. 11. 4.〕を参照。

(30) 社会的インパクト債と「成功報酬債」の詳細については、Drew van Glahn and Caroline Whistler, "Social Impact Bonds / Pay-for-Success," Chapter 16 in Salamon, *New Frontiers of Philanthropy.* を参照。

(31) 目標は、六〇％にのぼる再犯率を削減し、これによって政府の何百万ポンドもの予算を節約することである。この資金を使って、ソーシャル・セクター組織が包括的な更正サービスを提供し、対照集団と比較して対象層の出所後一年間の再犯率を少なくとも七・五％減少させることに成功すれば、投資家は二・五％の利息付きで資金を回収することができる。仮に、業績がこの目標を上回った場合、投資家は一三％を上限として、これ以上のリターンを受け取ることになる（Social Finance, *A New Tool for Scaling Impact: How Social Impact Bonds Can Mobilize Private Capital to Advance Social Good,* Boston: Social Finance, 2012.〔http://www.socialfinance.org.uk/resources/social-finance/new-tool-scaling-impact-how-social impact-bonds-can-mobilize-private-capital, accessed 2012. 11. 4.〕; "Home," Social Finance.〔http://www.socialfinance.org.uk, accessed 2012. 11. 4.〕）の情報に基づく。

(32) MDRCというニューヨークに拠点を置く雇用訓練組織がプログラムを運営し、実際に事業を行う非営利組織に経費を支払う。ゴールドマン・サックスがMDRCへの投資元本を回収するためには、対照集団と比較してプログラム参加者の再犯率を一〇％以上低下させる必要がある。成功の度合いが大きければ、ニューヨーク市の予算節約額は拡大し、ゴールドマン・サックスに対するリターンも大きくなる（"Mayor

Bloomberg, Deputy Mayor Gibbs, and Corrections Commissioner Schriro Announce the Nation's First Social Impact Bond Program," City of New York, Office of the Mayor. 〔http://www.nyc.gov/html/index.html, accessed 2012. 11. 4.〕)

(33) Jim Roth, Denis Garand, and Stuart Rutherford, *The Landscape of Microinsurance in the World's 100 Poorest Countries*, Appleton, WI: Microinsurance Center, 2007.

(34) 国際労働機関のマイクロ保険イノベーション・ファシリティについては、"Microinsurance Innovation Facility," International Labour Organization.（www.ilo.org/microinsurance, accessed 2013. 5. 11.）を参照。マイクロ保険に関するより広範な議論については、Chapter 17, "Insurance," by Craig Churchill and Lauren Peterson, in Salamon, *New Frontiers of Philanthropy*. を参照。

(35) Swiss Reinsurance Company, *Microinsurance! Risk Protection for 4 Billion People*, Zurich: Swiss Re, 2010. ; Craig Churchill and Michael J. McCord, "Emerging Trends in Microinsurance," in *Protecting the Poor: A Microinsurance Compendium*, vol. 2, ed. Craig Churchill and Michal Matul, Geneva: International Labor Organization and Munich Re Foundation, 2012.

(36) この点および本章で言及している他のイノベーションについては、Churchill and Matul, *Protecting the Poor*. を参照。

(37) これらのイニシアチブの詳細については、Chapter 17 in Salamon, *New Frontiers of Philanthropy*. を参照。

(38) O'Donohoe et al., *Impact Investments*, p. 5.

(39) これらのアプローチの詳細については、Lydenberg and Grace, "Socially Responsible Investing and Purchasing," in Salamon, *New Frontiers of Philanthropy*. を参照。

(40) Eurosif, *European SRI Study*, p. 63. Eurosifが明らかにした社会的責任投資メカニズムの七類型は、持続可能性をテーマとした投資、ESG最高基準を満たす企業への投資、規範を基礎とする投資審査、問題企業の投資世界からの排除、財務分析へのＥＳＧ要因の統合、持続可能性問題への関与および議決権行使、およびインパクト投資である。

（41） Eurosif, *European SRI Study*, p. 7.

（42） Lester M. Salamon, *Rethinking Corporate Social Engagement: Lessons from Latin America*, Sterling, VA: Kumarian Press, 2010, p. 33.

（43） たとえば、David Vogel, *The Market for Virtue: The Potential and Limits of Corporate Social Responsibility*, Washington, DC: Brookings Institution Press, 2005, p. 37. を参照。

（44） ここでの議論の多くは、Peter Frumkin, "Grants," Chapter 19 in Salamon, *New Frontiers of Philanthropy*. を利用している。

（45） McKinsey and Company, *And the Winner Is ...Capturing the Promise of Philanthropic Prizes*, n.p.: McKinsey and Co., 2009, p. 16.

第四章

（1） Lester Brown, *World on Edge: How to Prevent Environmental and Economic Collapse*, New York: W.W. Norton, 2011.（邦訳：枝廣淳子訳『地球に残された時間――八〇億人を希望に導く最終処方箋』ダイヤモンド社、二〇一二年）

（2） Brown, *World on Edge*, PowerPoint presentation available at "Books," Earth Policy Institute.（http://www.earthpolicy.org/books/wote, accessed 2013. 4. 14.）

（3） Landon Thomas, Jr., "As the Bailouts Continue in Europe, So Does the Flouting of Rules," *New York Times*, November 29, 2012, B3.

（4） David Jolly and Jack Ewing, "Unemployment in Euro Zone Reaches New High," *New York Times*,

November 30, 2012.（http://www.nytimes.com/2012/12/01/business/global/daily-euro-zone-watch.html, accessed 2013. 5. 11.）

（5） Salamon, *America's Nonprofit Sector*, p. 39.

（6） David Bornstein, *How to Change the World: Social Entrepreneurs and the Power of New Ideas*, New York: Oxford University Press, 2004, p.1.

（7） Lester M. Salamon, "The Rise of the Nonprofit Sector," *Foreign Affairs* 73.4, July–August, 1994, pp. 109–122.

（8） これらのアクターの例としては、Bornstein, *How to Change the World.* を参照。「グローバル非営利組織革命（Global Associational Revolution）」については、Salamon, "The Rise of the Nonprofit Sector." を参照。

（9） たとえば、以下を参照。Carlos Borzaga and Jacques Defourny, *The Emergence of Social Enterprise*, London: Routledge, 2001; Alex Nichols, *Social Entrepreneurship: New Models of Sustainable Social Change*, Oxford: Oxford University Press, 2006; Dennis R. Young, Lester M. Salamon, and Mary Clark Grinsfelder, "Commercialization, Social Ventures, and For-Profit Competition," in *The State of Nonprofit America*, 2nd ed., ed. Lester M. Salamon, Washington, DC: Brookings Institution Press, 2012.

（10） Peer Stein, Tony Goland, and Robert Schiff, *Two Trillion and Counting: Assessing the Credit Gap for Micro, Small, and Medium-Size Enterprises in the Developing World*, n.p: International Finance Corporation and McKinsey & Company, 2010, p. 1.

（11） O'Donohoe et al., *Impact Investments*, p. 39.

（12） 近年は、全財団の〇・三％しか（七万五〇〇〇以上ある財団の二〇〇財団以下）プログラム関連投資を行っておらず、また、財団の慈善目的助成額の〇・八％しかこの投資形態を取っていないが、プログラム関連投資事業は、低所得者向け住居、コミュニティ開発、マイノリティ向け住居、その他社会目的活動分野において、慈善目的投資を行っている財団の重要な中核スキルとなっているという事実は残る。プログラム関連投資を行っている財団数と近年この形態として認可された資金支出の割合に関するデータは、Lawrence, "Doing Good," p. xiii. から得た。アメリカにおける民間財団の総数は、Foundation Center, *Foundation Yearbook, 2009*, New York: Foundation Center, 2010. から得た。これらのイニシアチブが育んだ住宅政策革命についてのより詳細な説明は、Erickson, *The Housing Policy Revolution*. を参照。

(13) "Mission and History," Calvert Foundation.（http://www.calvertfoundation.org/index.php?option=com_content&view=article&id=66&Itemid=76, accessed 2013. 1. 2.）; "Acumen Fund Ten Year Report, 2001-2011," 2011, p. 1.（http://www.acumenfund.org/uploads/assets/documents/Acumen%20Fund%20Ten%20Year%20Report%202001%20-%202011a_3wcsNw56.pdf, accessed 2013. 1. 2.）

(14) "About Us," Acumen Fund.（http://www.acumenfund.org/about-us.html, accessed 2012. 12. 4.）

(15) Prahalad, *Fortune at the Bottom of the Pyramid*.（邦訳：スカイライト・コンサルティング訳『ネクスト・マーケット　増補改訂版――「貧困層」を「顧客」に変える次世代ビジネス戦略』英治出版、二〇一〇年）参照。

(16) このモデルのより詳細な説明については、Salamon and Burckart, "Foundations as Philanthropic Banks," in Salamon, *New Frontiers of Philanthropy*. を参照。

(17) Charly and Lisa Kleissner, and Raul Pomares, personal interviews with author, March 26, 2010 and January 23, 2012.

(18) Bishop and Green, *Philanthrocapitalism*, p. 6.

(19) Atul Dighe, "Demographic and Technological Imperatives," in Salamon, *State of Nonprofit America*.; William Strauss and Neil Howe, *Millennials Rising: The Next Great Generation*, New York: Vantage, 2000.

(20) "Home Page," Net Impact.（http://netimpact.org/, accessed 2012. 10. 1.）

(21) "About Us: Our Team," Willow Impact Investors. (http://www.willowimpact.com/about-us/, accessed 2012. 8. 10.)

(22) 金利データは以下を参照した。*New York Times*, January 4, 2013, B8. "Battered investor syndrome" comment from Ed Yardeni, founder of Yardeni Research, as quoted in Nathan Popper, "Even with Fiscal Agreement, Investors Facing Imminent Obstacles," *New York Times*, January 1, 2013. (http://www.nytimes.com/2013/01/02/business/economy/daily-stock-market-activity.html?_r=0, accessed 2013. 9. 14.)

(23) O'Donohoe et al., *Impact Investments*, 11, pp. 31–34; Saltuk, Bouri, and Leung, *Impact Investment Market*, pp. 16–24.

(24) "Investing for Social & Environmental Impact: A Design for Catalyzing an Emerging Industry," Monitor Institute. (http://www.monitorinstitute.com/impactinvesting/documents/InvestingforSocialandEnvImpact_FullReport_004.pdf, accessed 2013. 5. 11.)

(25) O'Donohoe et al., *Impact Investments*, p. 17.

(26) Salamon, L. M. (ed.) 2014, chap. 17.

第五章

(1) Salamon, L. M. (ed.) 2014, chap. 20, part A.

(2) Brian Trelstad, "The Elusive Quest for Impact: The Evolving Practice of Social Impact Measurement," Chapter 22 in Salamon, *New Frontiers of Philanthropy*.

(3) 「ベネフィット・コーポレーション (benefit corporation)」とは、基本目的、説明責任、透明性の点で特に厳しい基準を満たした企業のことである。Ｂ-Ｌａｂは、このような企業への格付システムを提供しており、さらに、多くの第三者機関による企業向け格付システムのうちの一つを遵守していることを示した企業に対しては、「B－コーポレーション」の認証を行っている。“About B-lab,” B-Lab.（http://www.benefitcorp.net/about-b-lab, accessed 2013. 2. 5.）

（4） “How GIIRS Works,” B-Lab.（http://www.giirs.org/about-giirs/how-giirs-works, accessed 2013. 2. 5.）

（5） Lyndenberg and Grace, “Socially Responsible Investing and Purchasing,” in Salamon, *New Frontiers of Philanthropy*.

（6） O'Donohue et al., *Impact Investments*, 72; E. T. Jackson and Associates, *Accelerating Impact: Achievements, Challenges and What's Next in Building the Impact Investing Industry*, New York: Rockefeller Foundation, 2012, p. xvi.

（7） Thornley and Dailey, “Nonfinancial Performance Measurement,” p. 16.

（8） O'Donohue et al., *Impact Investments*, p. 22. 最近のデータは、調査質問項目の表現ぶりのため発展を十分に評価することが困難ではあるが、非財務的インパクト測定の浸透という点でいくつか改善がみられることを示している。インパクト投資家に対する最新の調査によると、「標準的なインパクト測定基準」を「非常に重要」と考えていると報告したのは三三％しかなかった。とはいえ、残りの六五％も「重要」あるいは「ある程度重要」と評価する意欲は持っていたのである。同様に、調査に回答したインパクト投資家のうち、「すべての潜在的な投資」に対して「第三者機関によるレーティング」を使うと報告したのは三〇％のみだった。しかし、残りの六〇％も「可能であれば」これを使うと回答しているのである（Saltuk et al., *Perspectives on Progress*, p. 16.）。

（9） Lester M. Salamon, “What Would Google Do? Designing Appropriate Social Impact Measurement Systems,” *Community Development Investment Review* 7.2, December 2011, pp. 43–47. 参照。社会的インパクト測定分野に応用された結果、このアプローチは「顧客層の声（constituency voice）」と命名され、キーストーンという組織を通じてデビッド・ボンブライトの手により正式に開発された。“Constituency Voice,”

Keystone. (http://www.keystoneaccountability.org/analysis/constituency. , accessed 2013. 2. 9.)

(10) SEEDCO, *The Limits of Social Enterprise*, New York: SEEDCO Policy Center, 2008.

(11) E. T. Jackson and Associates, *Accelerating Impact*, p. xiii.

(12) 八〇億ドルという数字は、グローバル・インパクト投資ネットワークとＪ・Ｐ・モルガン・ソーシャル・ファイナンスが、二〇一二年末時点で一〇〇〇万ドルまたはそれ以上のインパクト投資資本を運用していると報告した九九人の投資家を対象に実施した調査に基づいている。四四億ドルと二五億ドルという数字は、二〇一一年後半にＪ・Ｐ・モルガンが五二のインパクト投資仲介団体を対象に実施した同様の調査に基づいている（Saltuk et al., *Perspectives on Progress*, pp. 3–4. および Saltuk, Bouri, and Leung, *Impact Investment Market*, p. 5. を参照）。

(13) “Federal Reserve Statistical Release, Z.l, Flow of Funds Accounts of the United States, March 2011,” Board of Governors of the Federal Reserve System. (http://www.federalreserve.gov.releases/z1/201000311, accessed 2013. 5. 11.)

(14) “Michael Drexler and Abigail Noble, preface to World Economic Forum, *From the Margins to the Mainstream: Assessment of the Impact Investment Sector and Opportunities to Engage Mainstream Investors*, Davos: World Economic Forum, September 2013, p. 3.

(15) Tingerthal, “Securitization,” in Salamon, *New Frontiers of Philanthropy*.

(16) US SIF Foundation, *Sustainable and Responsible Investing Trends*, p. 11.

(17) Erickson, “Secondary Markets,” in Salamon, *New Frontiers of Philanthropy*. 社会的インパクト投資インダストリーの成長を制限している要因についての議論は、Katie Hill, *Investor Perspectives on Social Enterprise Financing*, London: City of London, Big Lottery Fund, Clearly So, 2011.; E. T. Jackson and Associates, *Accelerating Impact*, pp. xiv, 19–20. などを参照。Ｊ・Ｐ・モルガンの調査結果については、

Saltuk, Bouri, and Leung, *Impact Investment Market*, p. 5. を参照。J・P・モルガン・ソーシャル・インパクトの二〇一三年のレポートは、継続した進歩がみられると報告している。しかし、著者たちが主張できることはせいぜい、調査回答者の五八％は、「数名以上の投資家」が「すでにインパクト投資戦略を計画している」と報告した、ということにすぎない。しかし、「多くの投資家」がすでに計画していると報告したのは回答者のわずか四％しかいなかったという点は注目しておくべきだろう（Saltuk et al., *Perspectives on Progress*, p. 18.）。

(18) Saltuk, Bouri, and Leung, *Impact Investment Market*, p. 4. 同様の不満は、同じ調査を利用した二〇一三年の刊行物にも再び表面化している。Saltuk et al., *Perspectives on Progress*, p. 9.

(19) Venturesome, *Access to Capital: A Briefing Paper*, London: CAF Venturesome, 2011.

(20) E・T・ジャクソンがインパクト投資インダストリーの現状評価において以下のように厳しく指摘している。「当然のことながら、インパクト投資インダストリーは、資本の募集・投資などの供給面の努力に主に焦点を当ててきた。しかし、資本注入への効果的準備や注入資本の効果的使用などを目的とした、ベンチャーの受け入れ体制の積極的開発という需要面についていえば、指導的組織の活動は比較的少なかった」（E. T. Jackson and Associates, *Accelerating Impact*, p. xv.）。

(21) Harvey Koh, Ashish Karamchandani, and Robert Katz, *From Blueprint to Scale: The Case for Philanthropy in Impact Investing*, San Francisco: Monitor Group, 2012, p. 10.（http://www.mim.monitor.com/downloads/Blueprint_To_Scale/From%20Blueprint%20to%20Scale%20-%20Case%20for%20Philanthropy%20in%20Impact%20Investing_Full%20report.pdf, accessed 2013. 2. 2.）

(22) Koh, Karamchandani, and Katz, *From Blueprint to Scale*, pp. 4–6.

(23) Koh, Karamchandani, and Katz, *From Blueprint to Scale*, pp. 15–16.

(24) Koh, Karamchandani, and Katz, *From Blueprint to Scale*, pp. 18–19.

（25） Starr, "Trouble with Impact Investing." また、Laura Hattendorf, "The Trouble with Impact Investing: P2," *Stanford Social Innovation Review* 14, April 18, 2012, p. 14; Tingerthal, "Securitization." なども参照。

（26） たとえば、Lester M. Salamon, "Of Market Failure, Voluntary Failure, and Third-Party Government: Toward a Theory of Government-Nonprofit Relations in the Modern Welfare State," in Lester M. Salamon, *Partners in Public Service: Government-Nonprofit Relations in the Modern Welfare State*, Baltimore: Johns Hopkins University Press, 1995, pp. 33–52. を参照。

第六章

（1） Bugg-Levine and Emerson, *Impact Investing*, p. 90.

（2） US SIF Foundation, *Sustainable and Responsible Investing Trends*, p. 11.

（3） US SIF Foundation, *Sustainable and Responsible Investing Trends*, p. 54; "Highlights of Foundation Yearbook, 2011 Edition," Foundation Center.（http://foundationcenter.org/gainknowledge/research/pdf/fy2011_highlights.pdf, accessed 2013. 2. 10.）

（4） Usman Hayat, "Do Investment Professionals Know about Impact Investing?" CFA Institute, July 2013, cited in World Economic Forum, *From the Margins to the Mainstream*, p. 5.

（5） World Economic Forum, *From the Margins to the Mainstream*.

（6） Bugg-Levine and Emerson, *Impact Investing*, p. 151.

（7） E. T. Jackson and Associates, *Accelerating Impact*, xviii.; Frieriech and Fulton, 2009 *Monitor Report*, pp. 47–48.; Koh, Karamchandani, and Katz, *From Blueprint to Scale*, pp. 7–9. を参照。

（8） Shirley Sagawa, "A Policy Agenda for the New Frontiers of Philanthropy," Chapter 24 in Salamon, *New Frontiers of Philanthropy*.

(9) Frieriech and Fulton, 2009 *Monitor Report*, p. 47.; O'Donohoe et al., *Impact Investments*, p. 76.; Ben Thornley, David Wood, Katie Grace, and Sarah Sullivan, *Impact Investing: A Framework for Policy Design and Analysis*, n.p.: Insight at Pacific Community Ventures and The Initiative for Responsible Investment at Harvard University, January 2011, pp. 15–16.; UN Development Program, *Human Development Report*, New York: UN Development Program, 2011, p. v.

(10) Frieriech and Fulton, 2009 *Monitor Report*, p. 47.

(11) E. T. Jackson and Associates, *Accelerating Impact*, p. 29.

(12) E. T. Jackson and Associates, *Accelerating Impact*, pp. 21–27.

(13) "About: How It Works," TONIIC. (http://toniic.com/about/how-it-works/, accessed 2013. 2. 24.)

(14) Frieriech and Fulton, 2009 *Monitor Report*, p. 46.

(15) *Encyclical Letter Caritas In Veritate, Of The Supreme Pontiff, Benedict XVI, To the Bishops Priests and Deacons, Men And Women Religious, the Lay Faithful, and All People Of Good Will, On Integral Human Development, In Charity and Truth*, Para, p. 46. (http://www.vatican.va/holy_father/benedict_xvi/encyclicals/documents/hf_ben-xvi_enc_20090629_caritas-in-veritate_en.html, accessed 2011. 5. 5.)

インパクト優先投資家（Impact-first investor）
金銭的リターンの閾値を満たしながら、投資の社会・環境的インパクトの最大化を追求する投資家。

オンライン寄付・投資サイト（Online portals and exchanges）
インターネットを活用して、受け手の社会目的組織に対する、現金、商品またはサービス（有料またはボランティア・ベース）の直接提供を支援する組織。

格付証券（Rated security）
スタンダード&プアーズなどの準公的な債券格付機関の一つにより、信用力があると格付けされた債券。

確定利付証券（Fixed-income security）
通常、引受人または投資銀行が、年金基金、保険会社、資産家など様々な投資家に対するマーケティングを通じて販売する満期期間の長い大規模ローン。

株式投資（Equity investment）
投資家に企業の所有権株を与えるという形態の投資。この結果、投資家には、企業が生み出す利益の一部に対する請求権、および株式を後日売却して利益を得る機会が付与される。

キャピタル・スタック（Capital stack）
異なるレイヤー、または「トランシェ」からなる投資資本をプールしたキャピタル・ファンド。各レイヤーはそれぞれ固有のリスク・リターン特性を持つため、各特性に応じた潜在的投資家層を持つことができるようになる。

共同資金支援（Funding collaborative）

集合的助成事業や社会目的投資のために、個人・機関ドナーや投資家に対して投資ビークルを提供するネットワーク。

公開株式（Public equity）

公設証券取引所を通じてなされる株式投資。

コミュニティ開発金融機関（Community Development Finance Institution）

アメリカのコミュニティ開発貸付基金、ベンチャー・キャピタル・ファンド、信用組合、コミュニティ開発銀行など約一三〇〇団体からなるネットワークの一つ。都市・農村の貧困コミュニティにおける投資に重点を置く。アメリカ政府より、連邦政府コミュニティ開発金融機関基金（CDFI Fund）の支援対象として認定されている。

債券（Bond）

特別に規模の大きな確定利付証券の類型。通常、潜在的投資家に保証を提供する格付機関の格付けプロセスを経る（「格付債券」）。しかし、特に社会的インパクト投資の世界では、格付けされていない債券または手形も使用される。

債務（Debt）

ローン、債券、住宅ローンなどの多様な形態を持つ投資。投資家には、投資「元本」と「利子」に対する返済請求権が付与される。利子とは、一定期間または合意に基づく将来の一時点（満期日）に支払う、投資元本の一定割合である。

事業収入（Operating income）

毎年の継続事業の実施のために組織が利用する収入。

社会的証券取引所（Social stock exchange）

散在している社会目的投資家が社会目的事業家を発掘・投資し、また社会目的事業家が拡大・成長に必要な資金を確保することが可能な、認定された証券取引プラットフォーム。

社会的投資ブローカー（Enterprise broker）

社会目的投資家が自身の投資目的を満たすことができる有望ベンチャーを発掘しようとする際、これに不可欠な仲介者機能を担う個人または機関。

収益優先投資家（Finance-first investor）

社会・環境的インパクトという閾値を満たしつつも、リスク調整したマーケット・レートの投資リターンの獲得を追求する投資家。

準株式（Quasi-equity）

投資家が、収益分配を通じてではなく、収入に連動したロイヤルティの支払いを通じて、ある組織の将来の収入から利益を得ることができるという株式投資の一形態。通常、当該組織経営の顧問の地位を伴うが、所有権株は付与されない。

証券化（Securitization）

ひとかたまりのローン（例：住宅ローン）を集めてパッケージ化し、これを抵当として利用して資本市場で債券を発行し、債券売却利益をこのひとかたまりのローン購入の支払いに充てようという金融プロセス。

信用補完（Credit enhancement）

高リスクと認識されている投資に貸し手を呼び入れるため、ローンに加えられる保証等の特別な誘因。

ソフト・ローン（Soft loan）

スタートアップ会社に利益計上までの時間的猶予を与えるため、柔軟な返済条件を設定したローン。

担保（Collateral）

ローン返済が不可能な場合に、ローン保証として、その全部または一部を貸し手に譲渡するという形で使用されるあらゆる形態の資産。

担保付き債務／ローン（Secured debt/loan）

ローンが焦げ付いたときに貸し手が差し押さえることのできる資産（抵当）に裏づけられた債務。

担保なし債務／ローン（Unsecured debt/loan）

ローンが返済されない場合に差し押さえ可能な特定の資産（抵当）の裏づけを持たない債務。

転換財団（Conversion foundation）

公的資産または準公的資産の民営化プロセスを通じて設立された慈善財団。設立の基礎となる資産としては、国有企業、国有の土地・建物、政府管理下にある特別な歳入（例：宝くじ）、または非営利組織の営利会社への転換の際の収入などがある。

投資資本（Investment capital）

設備、施設、技能、戦略計画などの購入を通じた長期的な組織基盤・能力の構築を根本的な目的とする資金。これにより、長期的には、組織に年間事業収入がもたらされることが期待できる。

ドナー・アドバイズド・ファンド（Donor advised fund）

寄付者が、コミュニティ財団、企業設立寄付基金、その他非営利機関に預け入れて運用する寄付資金のプール。寄付者は、預け入れ時点で預け入れ資金全額に対する寄付控除を受けることができ、また、その後何年にもわたり、この預け入れ資金から認定非営利組織に対して慈善寄付を行うことができる。

フィランソロピー銀行としての財団（Foundation as philanthropic bank）

自身のプログラムにかかわる目的のために、助成金予算だけでなく基本財産の運用も計画的に活用しようとする財団。非助成金型の支援形態を幅広く利用して、自己資金のレバレッジ拡大を目指す。

プログラム関連投資（Program-related Investments：PRIs）

米国財団が、営利および非営利組織に対して、ローン、株式またはその他の金融手法を使って提供する支援形態。当該支援が、非商業目的であり、また財団の一般的な慈善ミッションに資する限りにおいて承認される。承認された場合、米国財団は、これを最低支出要件の一部に計上することが認められている。

未公開株式（Private equity）

公設取引所に上場する利益なしになされる株式投資。

優先債務／ローン（Senior debt/loan）

借り手が借り入れた債務を支払うことができない場合に、支払いや抵当に対する優先請求権を持つローンやその他債務。

流通市場（Secondary market）

債券発行を通じて資金を調達し、この資金を使ってプライマリー・レンダーが発行したローンを購入する金融機関。これにより、資金が刷新されてプライマリー・レンダーに利用可能となるため、プライマリー・レンダーは追加的なプライマリー・ローンを行うことができるようになる。

劣後債務／ローン（Subordinated debt/loan）

借り手が負債全額を返済できない場合に、他の貸し手や投資家への返済が終了した後に初めて支払われるローンまたはその他債務。

参考文献

Aavishkaar. “About Us.” Accessed November 4, 2012. (http://www.aavishkaar.in/about-us/)

Aavishkaar. “Investment Approach.” Accessed November 4, 2012. (http://www.aavishkaar.in/about-us/investment-approach/)

Aavishkaar. “About Us.” Accessed August 12, 2012. (http://www.aavishkaar.in)

Acumen Fund. “About Us.” Accessed August 18, 2012. (http://www.acumenfund.org)

Acumen Fund. “About Us.” Accessed December 4, 2012. (http://www.acumenfund.org/about-us.html)

Acumen Fund. “Acumen Fund Ten Year Report, 2001–2011.” Accessed January 2, 2013. (http://www.acumenfund.org/uploads/assets/documents/Acumen%20Fund%20Ten%20Year%20Report%202001%20-%202011a_3wcsNw56.pdf)

Angel Investors Network. “About.” Accessed October 19, 2012. (http://www.angelinvestors.net/about.)

Arkansas Capital Corporation Group. “Company History & Information.” Accessed May 11, 2013. (http://arcapital.com/programs/our-history/)

Bamboo Finance. “The Bamboo Finance Private Equity Group.” Accessed May 11, 2013. (http://www.bamboofinance.com)

Benjamin, Lean, Julia Sass Rubin, and Sean Zielenbach. “Community Development Financial Institutions: Expanding Access to Capital in Under-served Markets.” In *The Community Development Reader*, edited by James DeFilippis and Susan Saegert. New York: Routledge Publications, 2008, pp. 95–105.

Big Society Capital. “How We Are Funded.” Accessed May 11, 2013. (http://www.bigsocietycapital.com/how-we-are-funded)

Big Society Capital. "Social Investment is a Way of Using Capital to Generate Social Impact as well as Some Financial Return for Investors." Accessed May 11, 2013.（http://www.bigsocietycapital.com/what-social-investment）

Bishop, Matthew, and Michael Green. *Philanthrocapitalism: How The Rich Can Save The World*, New York: Bloomsbury Press, 2008.

B-Lab. "About B-lab." Accessed February 5, 2013.（http://benefitcorp.net/about-b-lab）

B-Lab. "How GIIRS Works." Accessed February 5, 2013.（http://www.giirs.org/about-giirs/how-giirs-work）

Blue Orchard. "Fact Sheet." Accessed May 11, 2013.（http://www.blueorchard.com/jahia/webdav/site/blueorchard/shared/Publications%20and%20Resources/BlueOrchard%20Factsheets/0907_Fact%20sheet%202009_EN.pdf）

Board of Governors of the Federal Reserve System. "Federal Reserve Statistical Release, Z.l, Flow of Funds Accounts of the United States, March 2011." Accessed May 11, 2013.（http://www.federalreserve.gov.releases/z1/201000311）

Bornstein, David. *How to Change the World: Social Entrepreneurs and the Power of New Ideas*, New York: Oxford University Press, 2004.（邦訳：井上英之監訳・有賀裕子訳『世界を変える人たち――社会起業家たちの勇気とアイディアの力』ダイヤモンド社、二〇〇七年）

Borzaga, Carlos, and Jacques Defourny. *The Emergence of Social Enterprise*, London: Routledge, 2001.（邦訳：内山哲朗・石塚秀雄・柳沢敏勝訳『社会的企業――雇用・福祉のＥＵサードセクター』日本経済評論社、二〇〇四年）

Brown, Lester. *World on the Edge: How to Prevent Environmental and Economic Collapse*. New York: W.W.

Norton, 2011. Accessed April 14, 2013. (http://www.earth-policy.org/books/wote)

Bugg-Levine, Antony, and Jed Emerson. *Impact Investing: Transforming How We Make Money While Making a Difference*. San Francisco: Jossey-Bass, 2011.

California Wellness Foundation. “Financial Statements.” Accessed February 6, 2010. (http://www.calwellness.org/assets/docs/annual_report/TCWF_FS_2008.pdf)

Calvert Foundation. “Community Investment Note.” Accessed May 11, 2013. (http://www.calvertfoundation.org/invest/how-to-invest/community-investment-note)

Calvert Foundation. “Mission and History.” Accessed January 2, 2013. (http://www.calvertfoundation.org/index.php?option=com_content&view=article&id=66&Itemid=76)

Carmody, Lucy, Benjamin McCarron, Jenny Blinch, and Allison Prevatt. *Impact Investing in Emerging Markets*. Singapore: Responsible Research, 2011.

CEI Ventures. “Overview.” Accessed November 3, 2012. (http://www.ceiventures.com)

CGAP. “About Us.” Accessed October 20, 2012. (http://www.cgap.org/p/site/c/aboutus/)

CGAP. “The History of Microfinance.” Prepared for CGAP UNCDF donor training, “The New Vision of Microfinance: Financial Services for the Poor.” Accessed June 11, 2013. (http://www.slideshare.net/JosephSam/the-history-of-microfinance-cgap)

Churchill, Craig, and Michael J. McCord. “Emerging Trends in Microinsurance.” In *Protecting the Poor: A Microinsurance Compendium*, vol. 2, edited by Craig Churchill and Michal Matul. Geneva: International Labor Organization and Munich Re Foundation, 2012, pp. 8–39.

City of New York, Office of the Mayor. “Mayor Bloomberg, Deputy Mayor Gibbs, and Corrections Commissioner Schriro Announce the Nation’s First Social Impact Bond Program.” Accessed November 4,

2012. (http://www.nyc.gov/html/om/html/2012b/pr285-12.html)

Community Reinvestment Fund. "Quick Facts." Accessed September 1, 2012. (http://www.crfusa.com/AboutCRF/Pages/QuickFacts.aspx)

Cooch, Sarah, and Mark Kramer. *Compounding Impact: Mission Investing by U.S. Foundations*. FSG Social Impact Advisors, 2007.

Dighe, Atul. "Demographic and Technological Imperatives." In *The State of Nonprofit America,* 2nd Edition, edited by Lester M. Salamon. Washington, DC: Brookings Institution Press, 2012, pp. 616–638.

Drexler, Michael, and Abigail Noble. Preface to World Economic Forum, *From the Margins to the Mainstream: Assessment of the Impact Investment Sector and Opportunities to Engage Mainstream Investors*. Davos: World Economic Forum, September 2013. Accessed November 15, 2013. (http://www3.weforum.org/docs/WEF_II_FromMarginsMainstream_Report_2013.pdf)

Edna McConnell Clark Foundation. "How We Work." Accessed May 11, 2013. (http://www.emcf.org/how-we-work/)

Erickson, David. *The Housing Policy Revolution*, Washington, DC: Urban Institute Press, 2008.

E. T. Jackson and Associates. *Accelerating Impact: Achievements, Challenges and What's Next in Building the Impact Investing Industry*. New York: Rockefeller Foundation, July 2012. Accessed September 14, 2013. (http://www.rockefellerfoundation.org/uploads/images/fda23ba9-ab7e-4c83-9218-24fdd79289cc.pdf)

Ethical Property. "How to Invest." Accessed November 4, 2012. (http://www.ethicalproperty.co.uk/howtoinvest.php)

European Venture Philanthropy Association. *European Venture Philanthropy Directory 2010/11*. Brussels: European Venture Philanthropy Association, 2010.

Eurosif. *European SRI Study: 2012*. Brussels: Eurosif, 2012. Accessed May 11, 2013. (http://www.eurosif.org/research/eurosif-sri-study/sri-study-2012)

Financial Markets Series. *Bond Markets 2011*. London: TheCityUK, 2011. Accessed May 11, 2013. (http://www.thecityuk.com/assets/Uploads/BondMarkets2011.pdf)

Ford Foundation. "About." Accessed February 6, 2010. (http://www.fordfound.org/about)

Forum for Sustainable and Responsible Investment. *Report on Sustainable and Responsible Investing Trends in the United States: 2012*. Washington, DC: US SIF, 2012.

Foundation Center. *Foundation Yearbook: Facts and Figures on Private and Community Foundations, 2008 Edition*. New York: Foundation Center, 2008.

Foundation Center. *Foundation Yearbook, 2009*. New York: Foundation Center, 2010.

Foundation Center. "Highlights of Foundation Yearbook, 2011 Edition." Accessed May 10, 2013. (http://foundationcenter.org/gainknowledge/research/pdf/fy2011_highlights.pdf)

Freireich, Jessica, and Katherine Fulton. *Investing for Social and Environmental Impact*. San Francisco: Monitor Institute, 2009. Accessed May 11, 2013. (http://www.monitorinstitute.com/impactinvesting/documents/InvestingforSocialandEnvImpact_FullReport_004.pdf)

Godeke, Steven, and Raúl Pomares with Albert V. Bruno, Pat Guerra, Charly Kleisner, and Hersh Shefrin. *Solutions for Impact Investors: From Strategy to Implementation*. New York: Rockefeller Philanthropy Advisors, 2009.

Goodall, Emilie, and John Kingston. *Access to Capital: A Briefing Paper*. London: CAF Venturesome, 2009. Accessed February 10, 2013. (http://www.marmanie.com/cms/upload/file/CAF_Venturesome_Access_to_Capital_0909.pdf)

Grantmakers in Health. *A Profile of Foundations Created from Health Care Conversions*. Grantmakers in Health, 2009. (http://www.gih.org/files/usrdoc/2009_Conversion_Report.pdf)

Grassroots Business Fund. *2011 Annual Report of the Grassroots Business Fund*. Washington, DC: Grassroots Business Fund, 2011. Accessed May 11, 2013. (http://gbfund.org/sites/default/files/GBF_AR_2011.pdf)

Habitat for Humanity International. "Flexible Capital Access Program (FlexCap) : Investment Summary." Accessed May 11, 2013. (https://www.missioninvestors.org/system/files/tools/Habitat%20for%20Humanity%27s%20FlexCAP%20summary.pdf)

Hattendorf, Laura. "The Trouble with Impact Investing: P2." *Stanford Social Innovation Review* Impact Blog, April 18, 2012. Accessed May 13, 2013. (http://www.ssireview.org/blog/entry/the_trouble_with_impact_investing_part_2)

Hill, Kate. *Investor Perspectives on Social Enterprise Financing*. London: City of London, Big Lottery Fund, Clearly So, 2011.

HTC Group. "Welcome to HCT Group." Accessed November 4, 2012. (http://www.hctgroup.org)

Hub, The. "About." Accessed October 20, 2012. (http://www.the-hub.net/about)

Humphreys, Joshua. "Sustainability Trends in US Alternative Investment." US SIF Foundation: Forum for Sustainable and Responsible Investment, 2011. Accessed October 19, 2012. (http://www.investorscircle.net/accelsite/media/3195/Sustainability%20Trends%20in%20US%20Alternative%20Investments%20Report.pdf)

Hutton, Robert. "Cameron Opens $1 Billion Big Society Bank to Fund Charities." Bloomberg, April 4, 2012. Accessed May 11, 2013. (http://www.bloomberg.com/news/2012-04-03/cameron-opens-1-billion-big-society-bank-tofund-charities.html)

IDB Group. "The IDB Group: Your Partner for Impact Investing in Latin America and the Caribbean." Accessed May 11, 2012. (http://idbdocs.iadb.org/wsdocs/getdocument.aspx?docnum=36886146)

IFFIm. "Bonds." Accessed May 11, 2013. (http://www.iffim.org/bonds)

Internal Revenue Service. "Notice of Proposed Rulemaking: Examples of Program-Related Investments REG-144267-11." *Internal Revenue Bulletin* 2012–21, May 21, 2012. Accessed April 13, 2013. (http://www.irs.gov/irb/2012-21_IRB/ar11.html)

International Association of Microfinance Investors. "Microfinance Investment." Accessed May 11, 2013. (http://www.iamfi.com/microfinance_investment.html)

International Labour Organization. "Microinsurance Innovation Facility." Accessed May 11, 2013. (www.ilo.org/microinsurance.)

Jolly, David, and Jack Ewing. "Unemployment in Euro Zone Reaches New High." *New York Times*, November 30, 2012. Accessed May 11, 2013. (http://www.nytimes.com/2012/12/01/business/global/daily-euro-zone-watch.html)

Kansas Venture Capital. "Kansas Venture Capital, Inc. ('KVCI')." Accessed May 11, 2013. (http://www.kvci.com/)

Kentucky Highlands Investment Corporation. "Equity Investments." Accessed November 3, 2012. (http://www.khic.org/equity.html)

Keystone Accountability. "Constituency Voice." Accessed February 9, 2013. (http://www.keystoneaccountability.org/analysis/constituency)

Kiva. "About." Accessed October 20, 2012. (http://www.kiva.org/about/stats)

Koh, Harvey, Ashish Karamchandani, and Robert Katz. *From Blueprint to Scale: The Case for Philanthropy in*

Impact Investing. San Francisco: Monitor Group, 2012.

Lawrence, Steven. "Doing Good with Foundation Assets: An Updated Look at Program-Related Investments." In *The PRI Directory*, 3rd ed., edited by Foundation Center. New York: Foundation Center, 2010, pp.xiii–xx.

Lawrence, Steven, and Reina Mukai. *Key Facts on Mission Investing*. New York: Foundation Center, 2011.

Letts, Christine, William Ryan, and Allen Grossman. "Virtuous Capital: What Foundations can Learn from Venture Capitalists." *Harvard Business Review*, March–April 1997, pp. 36–46.

Living Cities. "History." Accessed October 19, 2012. (http://www.livingcities.org/about/history/)

Markets for Good. *Markets for Good: Upgrading the Information Infrastructure for Social Change*. 2012. Accessed May 11, 2013. (http://www.marketsforgood.org/wordpress/wp-content/uploads/2012/11/MarketsforGood_Information-Infrastructure_Fall-2012_.pdf)

Massachusetts Capital Resource Company. "Mass Capital, Company." Accessed May 11, 2013. (http://www.masscapital.com/company/)

McKinsey and Company. *And the Winner is . . . Capturing the Promise of Philanthropic Prizes*. 2009. Accessed May 13, 2013. (http://mckinseyonsociety.com/downloads/reports/Social-Innovation/And_the_winner_is.pdf)

Microfinance Africa. "USAID and Impact Investors Capitalize New Equity Fund for East African Agribusiness." Accessed May 11, 2013. (http://seedstock.com/2011/10/05/usaid-global-impact-investing-network-join-to-create-east-africa-agricultural-investment-fund/)

Mission Investors Exchange. "About Mission Investors Exchange." Accessed October 20, 2012. (http://www.missioninvestors.org/about-us/origins-mission-investors-exchange)

Mission Investors Exchange. "The Origins of Mission Investors Exchange." Accessed October 20, 2012. (http://www.missioninvestors.org/about-us/origins-mission-investors-exchange)

Mission Investors Exchange. "What's New in Mission Investing?" Accessed October 20, 2012. (https://www.missioninvestors.org/whats-new)

Monitor Institute. "Investing for Social & Environmental Impact: A Design for Catalyzing an Emerging Industry." Accessed May 11, 2013. (http://www.monitorinstitute.com/impactinvesting/documents/InvestingforSocialandEnvImpact_FullReport_004.pdf)

National Philanthropic Trust. "2011 Donor-Advised Fund Report." Accessed May 11, 2013. (http://www.nptrust.org/images/uploads/2011%20Donor-Advised-Fund-Report%281%29.pdf)

NESTA. "About Us." Accessed May 11, 2013. (http://www.nesta.org.uk/)

Net Impact. "Home Page." Accessed October 1, 2012. (http://netimpact.org/)

New Energy Finance. "Global Trends in Clean Energy Investment: Q4 2009 Clean Energy Fact Pack." Accessed May 11, 2013. (http://about.bnef.com/fact-packs/global-trends-in-clean-energy-investment-q4-2009-fact-pack/)

New Profit. "About Us." Accessed May 11, 2013. (http://newprofit.com/cgi-bin/iowa/about/9.html)

Nichols, Alex. *Social Entrepreneurship: New Models of Sustainable Social Change*, Oxford: Oxford University Press, 2006.

O'Donohoe, Nick, Christina Leijonhufvud, Yasemin Saltuk, Antongy Bugg-Levine, and Margot Brandenburg. *Impact Investments: An Emerging Asset Class*. New York: J. P. Morgan, 2010.

Opportunity Finance Network. "CDFI Data Project." Accessed May 11, 2013. (http://www.opportunityfinance.net/industry/default.aspx?id=236)

Opportunity Finance Network. "About." Accessed October 12, 2012.（http://www.opportunityfinance.net/about）

Prahalad, C. K. *The Fortune at the Bottom of the Pyramid: Eradicating Poverty through Profits*. Philadelphia: Wharton School Publishing, 2004.（邦訳：スカイライト・コンサルティング訳『ネクスト・マーケット　増補改訂版──「貧困層」を「顧客」に変える次世代ビジネス戦略』英治出版、二〇一〇年）

Popper, Nathan. "Even with Fiscal Agreement, Investors Facing Imminent Obstacles." *New York Times*, January 1, 2013. Accessed September 14, 2013.（http://www.nytimes.com/2013/01/02/business/economy/daily-stock-market-activity.html?_r=0）

Reed, Stanley, and Mark Scott. "In Europe, Paid Permits for Pollution Are Fizzling." *New York Times*, April 22, 2013.

Roth, Jim, Denis Garand, and Stuart Rutherford. *The Landscape of Microinsurance in the World's 100 Poorest Countries*. Appleton, WI: Microinsurance Center, 2007.

Rural Housing and Economic Development Gateway, US Department of Housing and Urban Development. "Kentucky Highlands Investment Corporation." Accessed March 2, 2013.（http://www.hud.gov/offices/cpd/economicdevelopment/programs/rhed/gateway/pdf/KentuckyHighlands.pdf）

Salamon, Lester M. *America's Nonprofit Sector: A Primer*. 3rd ed. New York: Foundation Center, 2012.

Salamon, Lester M., editor. *New Frontiers of Philanthropy: A Guide to the New Tools and Actors Reshaping Global Philanthropy and Social Investing*. New York: Oxford University Press, 2014.

Salamon, Lester M. "Of Market Failure, Voluntary Failure, and Third-Party Government: Toward a Theory of Government-Nonprofit Relations in the Modern Welfare State." In Lester M. Salamon, *Partners in Public Service: Government-Nonprofit Relations in the Modern Welfare State*. Baltimore: Johns Hopkins University

Press, 1995, pp. 33–52.

Salamon, Lester M. *Philanthropication thru Privatization: Building Assets for Social Progress*. New York: East-West Management Institute, 2013. (http://bit.ly/1brWDcL)

Salamon, Lester M. "Privatization for the Social Good: A New Avenue for Global Foundation-Building." In *The PB Report: 2009*, edited by The Privatization Barometer. July 2010.

Salamon, Lester M. *Rethinking Corporate Social Engagement: Lessons from Latin America*. Sterling, VA: Kumarian Press, 2010.

Salamon, Lester M. "The Rise of the Nonprofit Sector." *Foreign Affairs* 73.4, July–August 1994, pp. 109–22.

Salamon, Lester M., editor. *The State of Nonprofit America*. 2nd ed. Washington, DC: Brookings Institution Press, 2012.

Salamon, Lester M. *The Tools of Government: A Guide to the New Governance*. New York: Oxford University Press, 2002.

Salamon, Lester M. "What Would Google Do? Designing Appropriate Social Impact Measurement Systems." *Community Development Investment Review* 7.2, (December 2011), pp. 43–47.

Salamon, Lester M., and Stephanie Geller. "Investment Capital: The New Challenge for American Nonprofits." Johns Hopkins Nonprofit Listening Post Project (2006). Accessed May 11, 2013. (http://ccss.jhu.edu/publications-findings?did=265)

Saltuk, Yasemin, Amit Bouri, and Giselle Leung. *Insight into the Impact Investment Market: An In-Depth Analysis of Investor Perspectives and over 2,200 Transactions*, London: J.P. Morgan Social Finance Research, 2011. Accessed November 16, 2013. (http://www.thegiin.org/cgi-bin/iowa/download?row=334&field=gated_download_1)

Saltuk, Yasemin, Amit Bouri, Abhilash Mudaliar, and Min Pease. *Perspectives on Progress: The Impact Investor Survey*. London: J.P. Morgan Global Social Finance, 2013. Accessed April 14, 2013. (http://www.jpmorganchase.com/corporate/socialfinance/document/207350_JPM_Perspectives_on_Progress_2013-01-07_1018749_ada.pdf)

Schwartz, Rob. *Social Investment*. London: Clearly So, 2012.

SEEDCO. *The Limits of Social Enterprise*. New York: SEEDCO Policy Center, 2008.

SeedStock. "USAID, Global Impact Investing Network Join to Create East Africa Agricultural Investment Fund." Accessed May 11, 2013. (http://seedstock.com/2011/10/05/usaid-global-impact-investing-network-join-to-create-east-africa-agricultural-investment-fund/)

Small Enterprise Assistance Fund (SEAF). "Our Impact." Accessed June 6, 2013. (http://seaf.com/index.php?option=com_content&view=article&id=36&Itemid=82&lang=en)

Social Enterprise UK. *Fightback Britain: A Report on the State of Social Enterprise Survey 2011*. London: Social Enterprise UK, 2011.

Social Finance. "Home." Accessed November 4, 2012. (http://www.socialfinance.uk/print9.T)

Social Finance. *A New Tool for Scaling Impact: How Social Impact Bonds Can Mobilize Private Capital to Advance Social Good*. Boston: Social Finance, 2012. Accessed November 4, 2012. (http://www.socialfinance.org.uk/resources/social-finance/new-tool-scaling-impact-how-social-impact-bonds-can-mobilize-private-capital)

Social Investment Forum. "About Us." Accessed October 20, 2012. (http://www.socialinvest.org)

Starr, Kevin. "The Trouble with Impact Investing: P1." *Stanford Social Investment Review*, January 24, 2012, Accessed May 11, 2013. (http://www.ssireview.org/blog/entry/the_trouble_with_impact_investing_

part_1)
Stein, Peer, Tony Goland, and Robert Schiff. *Two Trillion and Counting: Assessing the Credit Gap for Micro, Small, and Medium-Size Enterprises in the Developing World,* Washington, DC: International Finance Corporation and McKinsey & Company, 2010.
Strauss, William, and Neil Howe. *Millennials Rising: The Next Great Generation,* New York: Vantage, 2000.
Swiss Reinsurance Company. *Microinsurance! Risk Protection for 4 Billion People,* Zurich: Swiss Re, 2010.
TechSoup Global. "TechSoup Global by the Numbers, Quarterly Report, October 2010." Accessed May 11, 2013.（http://www.techsoupglobal.org/press/selectcoverage）
Thomas, Landon, Jr. "As the Bailouts Continue in Europe, So Does the Flouting of Rules." *New York Times,* November 29, 2012.
Thornley, Ben, and Colby Dailey. "Building Scale in Community Impact Investing Through Nonfinancial Performance Measurement." *Community Development Investment Review* 6.1, 2010, Accessed May 13, 2013.（http://www.frbsf.org/community-development/files/Thornley_ Dailey.pdf）
Thornley, Ben, David Wood, Katie Grace, and Sarah Sullivan, *Impact Investing: A Framework for Policy Design and Analysis.* N.P.: Insight at Pacific Community Ventures and The Initiative for Responsible Investment at Harvard University, January 2011.
TONIIC. "Global Gathering." Accessed October 19, 2012.（http://toniicglobalgathering.eventbrite.com/）
TONIIC. "About: How It Works." Accessed February 24, 2013.（http://toniic.com/about/how-it-works/）
Tzetzes, John. *Book of Histories*（*Chiliades*）. Translated by Francis R. Walton. N.P.: Lipsiae, 1826.
United Nations Development Program. *Human Development Report.* New York: United Nations Development Program, 2011.（邦訳：国連開発計画・横田洋三・秋月弘子・二宮正人監修『人間開発報告書2011　持続可

能性と公平性——より良い未来をすべての人に』阪急コミュニケーションズ、二〇一二年)

United Nations Principles for Responsible Investment. "About Us." Accessed October 20, 2012. (http://www.unpri.org)

United States Census Bureau. *Statistical Abstract of the United States, 2012*. Accessed May 10, 2013. (http://www.census.gov/compendia/statab/cats/banking_finance_insurance/financial_assets_and_liabilities.html)

United States Social Investment Forum Foundation. *Report on Sustainable and Responsible Investing Trends in the United States: 2012*. Washington, DC: US SIF, 2012.

Vatican, The. *Encyclical Letter Caritas In Veritate, Of The Supreme Pontiff, Benedict XVI, To the Bishops Priests and Deacons, Men And Women Religious, the Lay Faithful, and All People Of Good Will, On Integral Human Development, In Charity and Truth*. Accessed May 5, 2011. (http://www.vatican.va/holy_father/benedict_xvi/encyclicals/documents/hf_ben-xvi_enc_20090629_caritas-in-veritate_en.html)

Velasquez, Christa. "Advancing Social Impact Investment Through Measurement." Comments at Federal Reserve. Accessed May 11, 2013. (http://www.frbsf.org/cdinvestments/conferences/social-impact-investments/transcript/Velasquez_Panel_3.pdf)

Venturesome. *Access to Capital: A Briefing Paper*. London: CAF Venturesome, 2011.

Vogel, David. *The Market for Virtue: The Potential and Limits of Corporate Social Responsibility*. Washington, DC: Brookings Institution Press, 2005.

Volunteer Match. "Our 2011 Annual Report Infographic." Accessed October 23, 2012. (http://blogs.volunteermatch.org/engagingvolunteers/2012/06/25/our-2011-annual-report-infographic-the-story-of-you/)

Weaver, Evan. "Marrying Cash and Change: Social 'Stock Markets' Spread Worldwide." *Christian Science Monitor*, August 30, 2012. Accessed March 3, 2012. (http://www.csmonitor.com/World/Making-a-difference/Change-Agent/2012/0830/Marrying-cash-and-change-Social-stock-markets-spread-worldwide)

Willow Impact Investors. "Investment Policy." Accessed March 2, 2013. (http://www.willowimpact.com/about-us/company/investment-policy.html)

Willow Impact Investors. "About Us: Our Team." Accessed August 10, 2012. (http://www.willowimpact.com/about-us/)

World Bank. *State and Trends of the Carbon Market*. Washington, DC: World Bank Group, 2011. Accessed May 11, 2013. (http://siteresources.worldbank.org/intcarbonfinance/Resources)

World Economic Forum. *From the Margins to the Mainstream*. Davos: World Economic Forum, September 2013. (http://www3.weforum.org/docs/WEF_II_FromMarginsMainstream_Report_2013.pdf)

Young, Dennis R., Lester M. Salamon, and Mary Clark Grinsfelder. "Commercialization, Social Ventures, and For-Profit Competition." In *The State of Nonprofit America*, edited by Lester M. Salamon. Washington, DC: Brookings Institution Press, 2012, pp. 521–548.

訳者解題

本書は、ジョンズ・ホプキンス大学市民社会研究所所長レスター・M・サラモン教授の *Leverage for Good: An Introduction to the New Frontiers of Philanthropy and Social Investment*（Oxford University Press, 2014）の全訳である。英文タイトルは、「社会に役立つことをレバレッジによってさらに拡大する」という意味である。しかし、日本の一般読者には「レバレッジ」は耳慣れない言葉だと思われたため、本書の趣旨を汲んで『フィランソロピーのニューフロンティア――社会的インパクト投資の新たな手法と課題』というタイトルとした。また、本書は、本文中に何度も言及されている通り、サラモン教授編著の論文集 *New Frontiers of Philanthropy: A Guide to the New Actors and Tools Reshaping Global Philanthropy and Social Investing*（Oxford University Press, 2014）のイントロダクション部分を独立させたものである。論文集は、この分野の第一人者が一堂に会して「フィランソロピーのニューフロンティア」の全貌を明らかにした記念碑的著作であり、本書は、ソーシャル・ファイナンスの最新動向を一般読者にわかりやすく提供しようとするものである。この分野に関する学問的著作はまだほとんどないため、今後、本書は、ソーシャル・ファイナンスの新たな動向に関心を持つ研究者、実務家、政策担当者などすべての関係者の必読文献として、幅広く読まれることになると思われる。

おそらく、本書を読み終えられた読者は、その情報量と革新的なアイデアの数々に圧倒されたことと思われる。この訳者解題では、日本の読者の関心に役立つよう、アメリカの非営利セクター研究における本書の位置づけ、本書刊行後の日本の「フィランソロピーのニューフロンティアと社会的インパクト投資」の最新動向、そして日本の現状について簡単に紹介しておくことにしたい。本書で取り上げられている個々のツールやアクターについてさらに深く知りたい方は、論文集や巻末の参考文献を直接参照いただければ幸いである(1)。

1 米国の非営利セクター研究における本書の位置づけ

サラモン教授の非営利セクター研究

本書の著者であるサラモン教授については、特に紹介の必要はないだろう。一九八〇年代より、アメリカを中心とした非営利研究を主導し、非営利セクターの国際比較研究プロジェクトを立ち上げた、まさに非営利セクター研究の第一人者である。その研究領域は、アメリカの非営利セクター研究、グローバル市民社会についての比較研究、政府の非営利支援政策研究、非営利組織に関する国民勘定統計ガイドブック策定など多岐にわたっている。近年も、この「フィランソロピーのニューフロンティア」研究プロジェクトと平行する形で、「民営化を通じたフィランソロピー化」研究プロジェクト、アメリカの非営利セクター聞き取り調査プロジェクト、非営利経済データ・プロジェクト、ボランティア活動の測定指標プロジェクトなどを行っている。

しかし、本書は、一見すると、サラモン教授が今まで行ってきた非営利セクター研究に逆行する印象を与えるかもしれない。なぜなら、従来の非営利セクターの基本的構成要素が、非営利法人とこれを支える個人寄付、財団助成金、政府補助金だったのに対し、本書が対象とするフィランソロピーのニューフロンティア領域は、ビジネスの色彩の強い社会的企業と、これに社会的インパクト投資という形で資金を提供する諸団体だからである。なぜ、世界の非営利セクター研究を牽引してきたサラモン教授が、非営利セクターを否定し営利セクターを積極的に活用する形で登場してきたようにもみえるフィランソロピーのニューフロンティア領域を取り上げるのだろうか。

訳者は、二〇一二年から二〇一三年までジョンズ・ホプキンス大学市民社会研究所に客員研究員として滞在し、フィランソロピーのニューフロンティア領域について、サラモン教授から様々なことを学んだ。この経験を通じて得た印象は、この研究は従来の非営利セクター研究を否定するものではなく、むしろその論理的帰結として生まれたものである、というものだった。この点は、本書では十分に展開されていないと思われるため、ここで説明しておく必要があるだろう。

サラモン教授の専門は、もともと公共政策、行政学だった。サラモン教授が非営利セクター研究を開始したのは、一九八〇年代のレーガン政権の一連の政策に関心を持ったためである。レーガン政権は、ボランタリズムと民間活動を最大限活用する「小さな政府」論を掲げて登場した。この実現のために、レーガン政権は、個人・企業に対する減税や寄付税制の拡充と、政府支出の削減を行った。寄付を通じた民間資金の流入により非営利セクターが強化され、その結果、政府が従来行ってきた役割が非営利セクターに移管されていくことを期待したのである。

当時、米国行政管理予算局からアーバン・インスティチュートのガバナンス・経営研究所長に移っていたサラモン教授は、レーガン政権のこの分野に関する政策効果を検証するために非営利セクターに関する調査を行った。この結果、判明したことは、レーガン政権の政策意図に反し、非営利セクターの収入は減少したという事実である。理由は、減税や寄付税制の拡充がもたらす収入拡大よりも、政府助成金の削減による収入減少の方が上回ったからである。さらに、レーガン政権の主導により社会福祉システムの「市場化」が進行し、営利企業が新たに社会福祉システムに参入してきた結果、従来、社会福祉の担い手の中心だった非営利組織は営利組織との厳しい競争を強いられるようになったことも判明した。このように、アメリカの非営利セクターは、一九八〇年代において、二重に厳しい環境変化にさらされていたのである。財政赤字の中で福祉国家システムを再構築するためには非営利セクターの発展は不可欠であるという問題意識は共有しつつも、レーガン政権の政策手法に疑問を感じたサラモン教授は、その後、非営利セクターの発展にとってどのような政策が必要なのかを明らかにするために、非営利セクターに関する国際比較研究を立ち上げることになる(2)。

非営利セクターの社会的企業化

では、非営利セクターが、政府補助金の削減と営利組織との競争という二重の難題を乗り越え、新自由主義経済政策とグローバリゼーションに伴って増大する需要に応えるにはどうすればよいのか。サラモン教授がまず指摘するのは、非営利セクター自身が、サービス料収入を拡大して収入基盤を安定化させ、営利組織と対抗するために経営基盤の強化や専門人材の育成などを図ろうと自助努力した事実である。(3) この結果、非営利セクターは、政府の補助金削減による収入減をサービス料収入の拡大で補うことに成功し、一九八〇年代以降、現在に至るまで、GNPを上回る成長率を達成した。二〇一〇年時点で、アメリカの非営利セクターは、有給の従業者数一〇七〇万人を擁し、アメリカの民間企業・団体就業者の一〇・一%を占めるに至っている。(4)

アメリカにおける社会的企業の多くは、この自助努力の過程から生まれてきたものである。「社会的企業」というと、日本では営利法人格を持つ株式会社や有限会社のイメージが強いが、アメリカの場合、基本的に社会的企業は、ビジネスの手法を取り入れた非営利組織や、非営利組織がサービス事業部門を独立させて新設した営利組織の場合が多い。ある統計によると、二〇一二年時点で、アメリカの社会的企業の三五%が非営利組織、三一%が会社や有限責任会社となっている。(5) また、営利と非営利のハイブリッド団体として、低収益有限責任会社（Low-profit, limited liability company：L3C）やベネフィット・コーポレーション（Benefit Corporation）という新たな法人格を設立しようという動きもみられる。このように、アメリカにおける社会的企業化とは、非営利組織が収入削減と営利組織との競争という厳しい状況を生き抜くために選択した経営判断の結果であり、ビジネスが非営利セクターに進出してきたという性格のものではない点を理解しておく必要があるだろう。

こうした非営利セクターの変化は、新たな資金需要を生み出す。サービス収入を拡大し、経営基盤を強化するためには、設備投資や人材確保が必要であり、さらに事業のスケールアップが不可欠となってくる。このために必要な資金が、本書のキーコンセプトの一つである「投資資本」である。それは、従来の寄付や財団の助成と異なり、経済的リターンを前提とする投資という形を取る。なぜなら、この資金によって、非営利セクターは、将来の安定した収入を期待することができるからである。フィランソロピーのニューフロンティアとは、このような非営利組織の社会的企業化に伴って発生した資金需要に対応するための新たな資金提供枠組みに他ならない。

助成財団の支援手法の発展

このような非営利組織の自助努力に呼応する形で、助成財団の方も支援戦略を発展させてきた。アメリカの助成財団は、一九八〇年代における非営利セクターの困難を前にして、従来の個別プロジェクトに対する支援から、組織に着目したキャパシティ・ビルディング支援へと関心を移していく。キャパシティ・ビルディング支援の手法は様々だが、一九八〇年代には、主として、非営利組織の経営、事業開発・運営、資金調達などに対するコンサルティングやテクニカル・サポートを行い、これをモデル事業として広く共有することで、非営利セクター全体への普及を図るという手法が一般的だった。一九九〇年代に入り、助成財団の間で戦略的グラント・メイキング手法が一般化するに伴い、このような個別の組織に対するキャパシティ・ビルディング支援から、さらに進んで非営利セクター全体のインフラストラクチャー整備支援を行おうという動きも登場する。そこでは、財団は、様々な非営利専門のコンサルティング団体や中間支援組織の設立と活動を積極的に支援し、彼らを通じて非営利セクター全体の強化を目指そうとする。また、二〇〇〇年代に登場したベンチャー・フィランソロピーの手法は、キャパシティ・ビルディング支援にベンチャー・キャピタルの手法を導入し、中長期的な観点から非営利組織の自立化やスケールアップを目指すようになる(6)。

このような、助成財団のキャパシティ・ビルディング支援やインフラストラクチャー整備支援の手法が発展する過程で、本書が取り上げる社会的投資の手法が注目を浴びるようになった。本書でも言及されているように、社会的投資は、当初、コミュニティ開発金融機関を通じたコミュニティ投資という形態が一般的だった。これが、非営利セクターの領域に新たな形で導入されたのは、ベンチャー・フィランソロピーの発展を契機とする。ベンチャー・フィランソロピーは、その名が示す通り、ベンチャー・キャピタルの手法を重視するが、ベンチャー・キャピタルは、スタートアップ、成長・自立化、スケールアップ、成熟などの支援対象企業の各発展段階に応じて様々な形態の資金を提供することを特徴とする。ベンチャー・フィランソロピーは、この考え方を非営利組織のキャパシティ・ビルディング支援に持ち込み、非営利組織の立ち上げから成長・自立化、スケールアップ、さらに営利事業部門の独立など、様々な局面における資本提供手法を探求しはじめる。この結果、非営利組織に対する社会的投資が注目を集めるようになったのである。

さらにこれを後押ししたのが、一九九〇年代より、コミュニティ支援にかかわり、本書でも紹介されているリビング・シティズのようなコミュニティ開発のための資金を提供するために複数の金融機関や財団のコンソーシアムの設立・運営を経験してきたフォード財団やマッカーサー財団などの巨大財団である。彼らは、プログラム関連投資やミッション関連投資、共同資金支援の手法をさらに洗練させ、助成金と投資をどのように組み合わせれば最大限のレバレッジを達成できるかを追求した。もちろん、本書が指摘している通り、フォード財団の努力により、一九六〇年代にプログラム関連投資が制度的に導入されていたことも忘れてはならない。

こうした助成財団側の一連の努力を一気に加速させたのが、二〇〇七年に、ロックフェラー財団が立ち上げた社会的インパクト投資推進のための特別イニシアチブである。ロックフェラー財団は、精力的に政策研究を支援することで社会的インパクト投資の概念を普及するとともに、社会的インパクト債などの新たな手法の開発に貢献した。また、アキュメン・ファンドのような社会的投資仲介機関を育成し、GIINのようなインフラストラクチャー組織を設立することで、他の財団や金融機関がこの領域に参入するのを強力に後押しした。さらに、プログラム関連投資に重点化した支援を行うH・B・ヘロン財団、社会的企業支援に対して助成金と投資を組み合わせた支援を行うスコール財団やオミディヤ・ネットワーク、小口証券の発行を通じてコミュニティから資金を調達し、助成や投資を行うカルバート財団などが登場した結果、フィランソロピーのニューフロンティアが開花することになる。

このように、非営利組織を支える助成財団側の支援戦略の発展が、フィランソロピーのニューフロンティアを生み出すもう一つの重要な要因であった点は強調しておく必要があるだろう。社会的インパクト投資は、決して、営利金融機関が新たな投資先を求めて非営利領域に参入してきたものではないのである。

フィランソロピーのニューフロンティア研究の意義

以上の通り、フィランソロピーのニューフロンティア研究は、まさにアメリカにおける非営利セクターの発展過程から必然的に生じてきたものであり、また、サラモン教授の基本的な問題関心とも合致していると言っていいだろう。フィランソロピーのニューフロンティア研究は、従来の非営利セクターを否定するものではなく、その生き残りのためのニューフロンティア探索の試みなのである。

こうしてみてくると、本書が、非営利セクター研究に持つ意義も新たな相貌を帯びてくる。本書の魅力は、もちろん、革新的なツールやアクターを網羅的に紹介している点や、この発展のための施策の分析を行っている点にある。しかし、それ以上に、サラモン教授の分析の面目躍如となっているのは、これらの新たな動向が非営利セクターにもたらす意味、特に、非営利セクターに与える潜在的なリスクに警鐘を鳴らしている点である。英米における社会的インパクト投資をめぐる議論が、その資金規模の巨大さやインパクトにどうしても集中しがちである中、これがもたらす危険性やその議論の前提のナイーブさを分析することとは、重要な意義を持っている。本書が指摘するように、社会的インパクト投資は、非営利組織をミッション逸脱に向かわせる危険性をはらんでいるし、また、非営利セクターの中核であるアドボカシー活動への資金の流れを閉ざし、結果的に非営利セクターを公共サービス提供の補完的存在としてしまうという危険性も存在する。また、「インパクト」の定義が曖昧になってしまい、結果的にすべての投資が「社会的インパクト投資」の名の下に正当化されてしまうのではないかという指摘も説得力がある。日本でも、社会的インパクト投資をめぐる議論は徐々に広がりつつあるが、本書が指摘する様々な潜在的問題点を念頭において、地に足のついた議論を行う必要があるだろう。

なお、読者の中には、このような大きな変化の中で、政府はどのように対応してきたのかという疑問をもたれる方もおられるだろう。政府支出の削減と非営利セクターやビジネスへの社会福祉サービス提供のアウトソーシングという、レーガノミックス以来の大きな流れは継続しているとはいえ、国民国家システムを維持する限り、最低限の国民生活の保障を行うことは政府の義務である。政府は、本書が分析したビジネス・セクターやフィランソロピー・セクターの様々なアクターやツールに対応するイノベーションを行っていないのだろうか。この点について、サラモン教授は、*The Tools of Government: A Guide to the New Governance*（New York: Oxford University Press, 2002）で詳しく分析しているので、関心のある方はこちらを参照いただきたい。サラモン教授によると、フィランソロピーのニューフロンティア研究は、このTools of Governmentの民間セクター版という位置づけであり、両者をあわせて初めてアメリカにおける非営利セクター支援の全貌が明らかになるとのことである。

いずれにせよ、本書でも繰り返し指摘されている通り、国内外に課題が山積している現代社会においては、グローバルな非営利組織革命が、市場や政府の失敗を補完する形で活動を発展させることが求められる。政府とビジネスが、新たなツールを開発してこれを支援することはまさに歴史の要請なのである。

2　社会的インパクト投資の最新動向

次に、本書が執筆された二〇一三年以降の、国際社会における社会的インパクト投資の動向を簡単に概観しておこう。本書が執筆されてから二年足らずしか経過していないが、この分野は目覚ましい勢いで変化しており、いくつか重要な出来事が生じている[7]。

第一に指摘しておきたいのは、二〇一三年六月のイギリスでのG8サミットを機に社会的インパクト投資タスクフォースが結成され、ロシアを除くG8各国に設置された国内諮問委員会が参加して検討作業を行った点である。タスクフォースには、イギリス、カナダ、EU、フランス、ドイツ、イタリア、日本、アメリカがフルメンバーとして、オーストラリアがオブザーバーとしてそれぞれ参加した。タスクフォースは、二〇一四年秋に報告書をとりまとめて公表した[8]。まず、全体報告では、各国政府がビジネスやソーシャル・セクターと手を携えて社会的インパクト投資を推進していく上で必要なエコシステムを構築するための様々な提言を行っている。さらに、これを踏まえて、国別報告が、各国における社会的インパクト投資の現状を分析し、今後の発展に必要な施策を列挙している。これ以外にも、国際開発協力分野への応用やインパクト評価手法の開発などについての分野別報告も提出されている。さらに、二〇一五年には、OECDが、社会的インパクト投資に関する共通データをどのように定式化し、とりまとめるかについて検討した予備的報告をとりまとめた[9]。この共通データは、OECD加盟各国の国内における社会的インパクト投資と、開発途上国向けに行う社会的インパクト投資の双方を視野に入れており、今後、OECD主導により、社会的インパクト投資に関する統計データがとりまとめられるようになる可能性がある。

第二に、社会的インパクト債の急拡大も無視できないだろう。本書が執筆された二〇一三年時点では、イギリス六件、アメリカ二件、オーストラリア一件の計九件の社会的インパクト債が立ち上げられていただけだった。[10] しかし、二〇一四年八月時点では、これが七カ国二五件に拡大しており、総額で六五〇〇万イギリスポンドの投資コミットメントがなされるに至っている。[11] さらに、二〇一五年三月時点では、一〇カ国四四件に拡大したという統計もある。[12] このように、イギリスで二〇一〇年に開始された社会的インパクト債の試みは、国境を越えて世界各国に拡がり始めている。アメリカでは、さらにこの動きを後押しするため、二〇一五年四月に超党派により「社会的インパクト・パートナーシップ法案」が提出された。この法案は、成功報酬債を通じて、ソーシャル・セクターにおける官民パートナーシップをより推進しようというもので、仮に成立すると、アメリカにおける成功報酬債の拡大が加速されるものと思われる。

このように国際社会では、二〇〇七年のロックフェラー財団のインパクト投資イニシアチブを契機に加速したインパクト投資セクター確立に向けた動きが、G8社会的インパクト投資タスクフォースの提言や社会的インパクト債の確立などを経て、主要先進諸国の政策メニューの一つとして市民権を得るまでに至っている。今後、主要先進諸国を中心として、国内ソーシャル・セクター支援と海外開発協力支援の双方において、社会的投資手法を中心としたフィランソロピーのニューフロンティアがさらに進展していくことが期待される。

3 日本の現状

次に、本書で取り上げられたフィランソロピーのニューフロンティアと社会的インパクト投資が、日本においてどの程度進展しているかを概観しておこう。

前述した通り、二〇一四年七月、G8社会的インパクト投資タスクフォース報告の一環として、日本のナショナル・アドバイザリー・ボードが、日本の社会的インパクト投資に関する現状報告を発表した[13]。報告によると、日本の社会的インパクト投資市場は、まだ生まれたばかりだが確実に成長しつつあり、過去二〜三年間の金融機関、企業ファンド、資金仲介団体の努力のおかげで、二・四七億ドルの規模に発展するまでに至っている。報告は、現在の日本の社会的インパクト投資市場の主要アクターの分析を行った上で、今後の社会的インパクト投資の発展に必要な施策として、社会的企業に対する新たな法人格の付与または認証制度の設立、英国ビッグ・ソサエティ・キャピタルと同様の休眠預金口座法の制定、社会的インパクト投資評価手法の標準化などを提案している。

実際、近年、日本においても、非営利団体や社会的企業に対し、本書で取り上げられたような様々な手法を使って資金支援しようという動きが広がりつつある。

たとえば、「フィランソロピー銀行」としての財団については、日本についても様々な先駆的取組みがみられる。信頼資本財団は、社会起業家に対して無利子・無担保の融資事業を行っており、さらに近年は、京都信用金庫と共同で無担保・固定金利（一％）による「ソーシャルビジネス共感融資」を開始した。京都地域創造基金も、京都信用金庫の「きょうとNPO支援連携融資制度」に年率一〜

二％の利子支払い補助を実施している。また、三菱商事復興支援財団は、東日本大震災復興支援事業の一環として産業復興・雇用創出支援に取り組んでおり、二〇一三年度には一七の地元企業やNPOに対して総額七億一〇〇〇万円の投融資を行った[14]。さらに、日本財団は、社会的企業に対する投融資も含めた資金提供と経営支援を行う日本ベンチャー・フィランソロピー基金の設立や、地域の金融機関への助成を通じてNPO、ソーシャル・ビジネス、コミュニティビジネスに融資や各種サポートを提供する「わがまち基金」の設立を通じて、日本における社会的インパクト投資の促進に取り組んでいる。

金融機関の支援も拡大している。日本政策金融公庫は、ソーシャル・ビジネス支援サービスを実施しており、二〇一三年度は全体で四九八七件四四九億円のソーシャル・ビジネス関連融資を行った。これは前年比で、件数が一一二・五％増、金額が一〇八・六％増である。こうしたソーシャルビジネス関連融資のうち、NPO法人を対象としたものは七四〇件五八億六七〇〇万円で、それぞれ前年度比で件数が一一五・六％増、金額が一一八・三％増となっている[15]。各地の信用金庫や信用組合、労働金庫などもソーシャル・ビジネスやコミュニティビジネス向けの投融資を進めている。

社会的投資仲介機関としては、パートナーが拠出した出資金に基づいてソーシャル・ベンチャーに投資とキャパシティ・ビルディング支援を行うSVP東京や、主にカンボジアを中心に開発途上国の社会的企業に対する社会的投資を行うARUN合同会社など、様々な試みが進められている。また、全国NPOバンク連絡会や市民ファンド推進連絡会、一般社団法人全国コミュニティ財団協会などが設立されており、コミュニティ開発金融の潜在的担い手による全国ネットワークの形成も進んでいる。

社会的インパクト債については、二〇一五年四月に日本財団が、横須賀市と共同で、特別養子縁組の分野で日本初の社会的インパクト債のパイロット事業を立ち上げることを発表している。[16] オンライン寄付・投資サイトについては、JustGiving, READYFOR?, GiveOne, CAMPFIREなどが活動しており、非営利セクターの重要な資金調達源の一つとなりつつある。社会的責任投資分野では、社会的責任投資フォーラム（JSIF）が日本における社会的責任投資の促進に向けた活動を行っており、社会的責任購入の分野でも、たとえばグリーン購入ネットワーク（GPN）が、環境に優しい購入・調達を行政、企業、消費者に働きかけている。

最後に、休眠預金の活用については、休眠口座国民会議が活動を行っており、二〇一四年五月には休眠預金活用推進議連が立ち上げられ、法制化に向けた動きが進められている。今後、イギリスのビッグ・ソサエティ・キャピタルと同じような仕組みが日本でも現実化し、社会的投資の重要な資金源となる可能性がある。

4　おわりに

特定非営利活動促進法が制定されてから一七年が経過し、特定非営利活動法人は日本社会に市民権を得たといってよいだろう。公益法人制度改革も一段落し、日本の非営利セクターは、新たな発展の時代を迎えている。この発展をさらに加速させていくためには、従来の寄付・助成・補助金だけではない新たなソーシャル・ファイナンス手法の開発が求められる。

実際、すでにみたように、日本においても新たなソーシャル・ファイナンスに向けた動きが様々な形で進められている。しかし、これらがさらに発展していくためには、個別の動向をソーシャル・ファイナンスという一貫した視点で捉え直し、これを支援するための体系的な政策枠組みを確立する必要があるだろう。現在の様々な動向が全面的に発展する上で障害となっている法的規制を取り除き、社会的インパクト投資に対する一般の理解を高め、民間金融機関や財団が積極的にこの分野に参入していくことができるような税制優遇やガイドライン整備などを行い、さらに非営利セクターや社会的企業家の側の資金調達能力を向上させる必要がある。このためには、政府レベルでの縦割りを排した政策枠組みが不可欠だろう。同時に、諸外国の先行事例から学び、ソーシャル・ファイナンスの拡大に伴う様々な問題を未然に防止するための制度設計も不可欠である[17]。

本書におけるフィランソロピーのニューフロンティアと社会的インパクト投資についての分析が、こうした動きにささやかなりとも貢献することを心から願っている。

注

（1）残念ながら、日本語による紹介文献は、今のところアメリカの低所得者向け住居、コミュニティ開発金融、社会的企業向け資金提供など、個別分野を紹介したものしかないというのが現状である。社会的インパクト投資の全体像を紹介したものとしては、たとえば、マクシミリアン・マーチン／小林立明他訳『社会的インパクトを投資可能にする』（笹川平和財団、二〇一四年）がある。

（2）これらの諸点に関する議論の詳細は、L・M・サラモン／江上哲監訳『NPOと公共サービス——政府と民間のパートナーシップ』（ミネルヴァ書房、二〇〇七年）参照。

（3）この点に関する議論の詳細は、*The State of Nonprofit America,* (ed.). 2nd edition. (Washington, D. C.: Brookings Institution Press, 2012) と、*America's Nonprofit Sector: A Primer.* 3rd Edition. (New York: The Foundation Center, 2012) を参照。

（4）山内直人・田中敬文・奥山尚子編『世界の市民社会 2014』NPO研究情報センター、二〇一四年。

（5）Ben Thornley (2012) "The Facts on U.S. Social Enterprise" on Huff Post Blog. (http://www.huffingtonpost.com/ben-thornley/social-enterprise_b_2090144.html, accessed 2015. 5. 10.)

（6）こうしたアメリカにおける支援手法の発展については、小林立明「国際グラント・メイキングの課題と展望——グローバル・フィランソロピーの時代における助成財団の新たな役割」（笹川平和財団、二〇一三年）を参照。

（7）本稿を執筆したのは二〇一五年五月である。

（8）詳細については、タスクフォースのウェブサイト (http://www.socialimpactinvestment.org, accessed 2015. 5. 9.) 参照。なお、全体報告は、「社会的インパクト投資市場の見えざる心——アントレプレナーシップ、イノベーションと公益に資するファイナンス」として日本語訳も公表されている。詳細は、日本の国内諮問委員会ウェブサイト (http://impactinvestment.jp/images/インパクトインベストメント%28日本語版%29_20150320校正.pdf) 参照。

（9）OECD, "Social Impact Investment: Building the Evidence Base (Preliminary Version)" (OECD, 2015) 参照。

（10）UK Center for Social Impact Bonds, "Case Studies - existing SIBs" (http://data.gov.uk/sib_knowledge_box/case-studies-existing-sibs, accessed 2015. 5. 9.)

(11) Social Finance Limited (2014) "The Global Social Impact Bond Market" (http://www.socialfinance.org.uk/wp-content/uploads/2014/08/Social-Impact-Bonds-Snapshot-2014.pdf, accessed 2015. 5. 9.)

(12) Finance for good Social Impact Bond Tracker (http://financeforgood.ca/social-impact-bond-resources/social-impact-bond-tracker/, accessed 2015. 5. 9.) のデータに基づく。

(13) G8インパクト投資タスクフォース国内諮問委員会「日本におけるインパクト投資の現状」(http://impactinvestment.jp/resource/日本レポート(日本語版).pdf, accessed 2015. 5. 9.)(二〇一四年)。

(14) 三菱商事復興支援財団ウェブサイト(http://mitsubishicorp-foundation.org/outline/pdf/report_2013.pdf, accessed 2015. 5. 9.) 参照。

(15) 日本政策金融公庫のウェブサイト(http://www.jfc.go.jp/n/finance/social/index.html, accessed 2015. 5. 9.) 参照。

(16) 日本財団ウェブサイト(http://www.nippon-foundation.or.jp/news/pr/2015/40.html, accessed 2015. 5. 9.) 参照。

(17) このような政策提言の例としては、社会的投資促進フォーラム「社会的投資市場形成に向けたロードマップ」(二〇一四年)、G8社会的インパクト投資タスクフォース国内諮問委員会「社会的インパクト投資の拡大に向けた提言書」(二〇一五年)がある。

訳者あとがき

私が初めてサラモン教授の研究室を訪問したのは、二〇一二年九月のことである。一九九〇年代初頭に国際交流分野で仕事を始めた私にとって、レスター・M・サラモンという名前は国際的な非営利セクター研究の第一人者として、ある種、神話的な響きを持っており、さすがの私も緊張した。しかし、サラモン教授は、初対面の私を温かく出迎えてくれた。今でも深く印象に残っているが、彼の最初の一言は、「日本の市民社会は、今年、タダシとアキラという二人の偉大な指導者を失った。二人の心からの友人を失って私も本当に悲しい」というものだった。言うまでもなく、この二人の友人とは、日本国際交流センターの故山本正理事長と、笹川平和財団の故入山映理事長である。その言葉は、率直で深い哀悼の念をたたえており、この三人の間に育まれた友情の深さを物語っていた。私は、グローバルな市民社会の構築において、個人的な信頼関係と連帯がどれだけ重要であるかを改めて実感するとともに、私自身も、故人お二人とは何度かご一緒させていただいたこともあったので、不思議な縁を感じた。そして、いまだ現役の研究者・実践者として精力的に新たな分野を開拓していこうというサラモン教授の「若さ」とコミットメントに素直に敬意を感じ、二〇年以上働いてきた仕事を辞めて、アメリカで新たに研究を開始しようという無謀ともいえる試みは無駄ではなかったという確信を新たにした。

その時以来、約一年半にわたり、サラモン教授のもとでフィランソロピーのニューフロンティアに関する研究を行い、帰国後は仕事の合間を縫って本書の翻訳作業を続けてきた。二〇一四年に原著が刊行された後、一刻も早く本書の翻訳を完成させて海外のソーシャル・ファイナンスの最新動向を日本の読者に伝えなければと気持ちばかりは焦っていたのだが、本書が扱う広範な領域の専門用語を調べるのに手間取り、さらに他の仕事も加わって、翻訳作業は思うように進まなかった。今回、ようやく翻訳が完成し、ひとまず肩の荷を下ろした気持ちである。非営利セクターやフィランソロピー分野を専門とする私が、本書のように多様な経済・金融分野を網羅した専門書を翻訳することには不安もあったが、サラモン教授や故人のお二人の顔を思い浮かべると、放棄する訳にもいかなかった。今は、翻訳が日本の一般の読者の方々に広く読まれるとともに、経済・金融分野を中心とした専門家がこの分野の研究に関心を持ち、さらにソーシャル・ファイナンスに関する研究が日本において進展することを願うばかりである。

なお、本書の翻訳にあたっては、様々な方にお世話になった。日本語への翻訳を快く承諾し、ご多忙なスケジュールを縫って日本語版序文を書いてくださったサラモン教授についてはいうまでもない。また、アメリカから帰国して右も左もわからなかった私に、ミネルヴァ書房を紹介してくださった大阪大学国際公共政策研究科の山内直人教授には、様々な相談に乗っていただいた。山内先生のアドバイスがなかったら本書の刊行は実現しなかっただろう。深く感謝申し上げる。最後になってしまったが、なかなか進まない翻訳作業に忍耐強くつきあってくださったミネルヴァ書房編集部の音田潔様にも本当にお世話になった。心からお礼申し上げたい。

二〇一五年五月

小林立明

索　　引

（＊は人名）

あ　行

か　行

さ　行

た　行

ま　行

や　行

ら・わ行

欧　文

著者紹介

レスター・M・サラモン（Lester M. Salamon）

ジョンズ・ホプキンス大学教授。同大学市民社会研究所長。プリンストン大学で経済学と政治学の学位を，ハーバード大学で政治学の博士号を取得。米国アーバン・インスティチュートのガバナンス・経営研究所長，米国行政管理予算局副局長補などを歴任。サラモン博士は，政府の行政手法の専門家であり，また米国および世界中の非営利セクターに関する国際比較研究プロジェクトを立ち上げるなど，非営利組織に関する実証研究の第一人者である。

サラモン博士の研究は多岐にわたるが，主要な業績としては，米国非営利セクター研究，グローバル市民社会についての比較研究，政府の非営利支援政策研究，非営利組織に関する国民勘定統計ガイドブック策定，「民営化を通じたフィランソロピー化」研究，米国非営利セクター聞き取り調査，非営利経済データ，ボランティア活動の測定指標などがある。

著作も膨大だが，主な訳書としては，『米国の非営利セクター入門』（入山映訳，ダイヤモンド社，1994年），『台頭する非営利セクター――12カ国の規模・構成・制度・資金源の現状と展望』（共著）（今田忠監訳，ダイヤモンド社，1996年），『NPO 最前線――岐路に立つアメリカ市民社会』（山内直人訳，岩波書店，1999年），『NPO と公共サービス――政府と民間のパートナーシップ』（江上哲他訳，ミネルヴァ書房，2007年）などがある。

訳者紹介

小林立明（こばやし・たつあき）

1964年生まれ。東京大学教養学部相関社会科学専攻，ペンシルヴァニア大学NPO指導者育成修士課程修了。国際交流基金・日本財団勤務，ジョンズ・ホプキンス大学市民社会研究所客員研究員，日本NPOセンター特別研究員を経て，現在，日本公共政策研究機構主任研究員。研究領域は，フィランソロピーのフロンティアと社会的投資，非営利組織経営と評価，戦略的グラント・メイキングなど。
共著に公益法人協会編『英国チャリティ――その変容と日本への示唆』（弘文堂，2015年）が，共訳書にマイケル・シューマン著『スモールマート革命――持続可能な地域経済活性化への挑戦』（明石書店，2013年）がある。

フィランソロピーのニューフロンティア
――社会的インパクト投資の新たな手法と課題――

2016年2月20日　初版第1刷発行　〈検印省略〉

定価はカバーに
表示しています

訳　者　小林立明
発行者　杉田啓三
印刷者　藤森英夫

発行所　株式会社　ミネルヴァ書房
607-8494　京都市山科区日ノ岡堤谷町1
電話代表（075）581-5191
振替口座　01020-0-8076

亜細亜印刷・兼文堂

ISBN 978-4-623-07445-7
Printed in Japan